歴史と起源を完全解説

日本の神様

宝島社

二神会舞図　富岡鉄斎 画
写真／TNM Image Archives

第一章　日本の神様

第二章　企業の神様

第三章　オールアバウト日本の神様 …… 120

第四章　日本の神様と神社 …… 161

第一章
日本の神様

日本には、天上世界のみならず
地上世界にも多くの個性的な神々がいる。
全国にある約十万社の神社をはじめ、
山や海など日本の至るところに住まわれ、
私たちに恩恵をもたらし、また時に荒ぶる。
そんな日本に住まう神々を紹介しよう。

天岩戸の前に集まる諸神
天照大御神が天岩戸に隠れたことから世界は闇に包まれた。天照大御神が出てくるよう神々は力を合わせる。
神宮徴古館 蔵

日本の「カミ」と西洋の「GOD」

日本語で「神」は英語で「GOD」と訳されることがあるが、これは正確ではない。英語における「GOD」は唯一神であり、万物のすべてを生み出し司る絶対神を指すことが多い。しかし、日本の神は、「唯一」でもなければ「絶対」でもない。

世界の神々のほとんどが、神は最初に生まれ世界を創造する。あるいは、唯一神でなければ、一番初めに生まれた神を最高神とすることが多い。しかし、日本の神々における最高神である天照大御神《あまてらすおおみかみ》は一番初めに生まれた神様ではない。

日本最古の書物である『古事記』には、天上界・高天原《たかまがはら》に最初に現れたのは、天之御中主神《あめのみなかぬしのかみ》で、その名の通り、宇宙の中心にあって支配する神様である。

世界の神話の多くでは、無の状態から「GOD」がまず存在し、「世界」を生み出すことからはじまる。日本神話で印象的なのは、まず「世界」が存在しているところに「カミ」が誕生する点だろう。

天之御中主神が誕生後、さらに万物の生成を司る高御産《たかみむ》巣日神《すひのかみ》と神産巣日神《かみむすひのかみ》の二柱の神様が生まれる。これら三柱は造化の三神と呼ばれる。

大日本名将鑑 神武天皇　月岡芳年 画
神武天皇が即位した2月11日は、戦前には紀元節と呼ばれ、昭和42年に建国記念の日として祝日となっている。写真／TNM Image Archives

さらに宇摩志阿斯訶備比古遅神《うましあしかびひこぢのかみ》と天《あめ》之常立神《のとこたちのかみ》が生まれ、これら五神は別《こと》天津神《あまつかみ》と呼ばれた。別天津神は男女の性別がなく、独神《ひとりがみ》だったとされる。

その後、神世《かみよ》七代と呼ばれる七世代の神様が次々と生まれる。この神世七代の最後に、妻となる伊邪那美命《いざなみのみこと》とともに生まれた伊邪那岐命《いざなぎのみこと》が、天照大御神の親神である。伊邪那岐命は、自分の首にかけていた玉飾りをとり、天照大御神の首にかけ、高天原の支配を命じた。別天津神と神世七代の神々を経て生まれた天照大御神が、高天原を統治する最高神となるのである。

天照大御神は孫である瓊々杵尊《ににぎのみこと》に、地上世界の統治を命じ、天降った瓊々杵尊は日向国《ひゅうがのくに》に居を構えた。やがて瓊々杵尊の曾孫にあたる神武天皇が東征の後、初代天皇に即位する。これが現在まで一二五代続く、皇室のはじまりとなっている。

西洋における「GOD」とは異なり、日本の神々は、食事もすれば、踊りも楽しむ。結婚し、さらに子を生むことも珍しいことではない。そして高天原という「社会」を持っている。日本の神様は、世界のどの神様（GOD）よりも「人間らしい神様」といえるのではないだろうか。

その数八〇〇万柱⁉ 日本の神様とは？

日本の神様を指す際に、「八百万の神」と形容されることがある。実際に八〇〇万もの神様がいらっしゃるということではなく、これは「数が多い」という意味である。『古事記』や『日本書紀』をはじめとする日本神話の書物に描かれた神々は数えきれないほど多い。

中には名前しか登場せず、性別すら判然としない場合もある。さらに神様が行動するごとにまた新たに神様が生まれる。例えば、伊邪那岐命《いざなぎのみこと》が黄泉国《よみのくに》から帰った際に禊《みそぎ》を行うと、衣を脱ぐだけで十二柱の神々が生まれるほか、入り江の中流や底で身を清めると場所ごとに次々に神が生まれるのである。このように神からさらに神が生まれその数は相乗的に増えていく。またAという神はBという神の別名といった場合など、一柱の神様に対して、その神性に応じて複数の名前や姿を持つこともある。

日本の神様はなぜこれほどまでに多いのだろうか。それには日本の豊かな自然と日本人の特性が大きく関係する。例えば大木や山、美しい滝や川など、日本はさまざまな表情を見せる国土を持ち、かつ四季ごとにうつろう変化が見られる。そこにある自然の力強さや変化は、人間の力によって生まれたものではなく、人智が及ばない何か神秘的なものを感じるのは当然のことだろう。

例えばこれが見渡す限りの砂漠だったらどうだろうか。おそらく唯一変化があり自分の命に影響する太陽を見て、唯一神・絶対神の信仰が生まれることだろう。日本のあらゆるところに神様が住まわれていると感じるということは、すなわち日本がそれだけ豊かな自然を有している表れともいえよう。

　また日本の神様の数の多さは日本人の特性によるところが大きい。世界的に見て「シャイ」な国民性であることは有名だが、外来のものに対して極めて大らかに受け入れる特性もあわせ持っている。

　その一つが神仏習合だろう。日本にはもともと八百万の神を信仰する「神道」があったが、仏教が伝来すると、日本の神と仏教における仏は同じものとする考えが生まれた。例えば「権現《ごんげん》」という言葉。「権」とは「仮」といった意味であり、「〇〇権現」とは、「〇〇という仏が神という仮の姿で現れたもの」という意味である。本来ならば、中世ヨーロッパのように国教が定められ、国王自ら改宗をする、といった行動が見られるが、日本人にはそもそも「改宗」の意識が薄く、もともとあるものを捨てることなく、良いものがあれば受け入れる国民性があるのだ。

高野曼荼羅
真言宗の聖地である高野山では、丹生明神、高野明神、気比明神、厳島明神の四神が描かれた曼荼羅がある。

　そのため、正月に神社にお参りし、教会で結婚式を挙げ、寺で葬式をするといった、特定の宗教の敬虔《けいけん》な信者から見れば信じられない文化を持っている。

　仏教、儒教、キリスト教など、外来の宗教が入るごとに日本の神は増え続け、正確な数はわからず、「八百万の神」と形容されるのだ。

神武天皇 大嘗祭　神宮徴古館 蔵
神武天皇は即位後に鳥見山中に靈畤（まつりのにわ）を立て、供物を捧げ、祭事を行った。

第一章

日本の神様

日本神話の世界図

神々が行き来する さまざまな世界

日本の神様は、私たちが暮らすこの地上世界にのみいるわけではない。日本の神話には、天上世界や死後の世界、あるいは記述が少ない謎に満ちた世界まで多種多様な世界が存在している。ここでは神々が往来する世界を紹介しよう。

【高天原《たかまがはら》】

日本の神々が住む天上世界。神々が生まれる前から存在した世界で、最初に天御中主神《あめのみなかぬしのかみ》が生まれ、その後次々と神々が生まれる。

高天原の神を「天津神《あまつかみ》」、葦原中国《あしはらのなかつくに》の神を「国津神《くにつかみ》」と呼ぶ。天津神の伊邪那岐命《いざなぎのみこと》と伊邪那美命《いざなみのみこと》によって日本列島が生み出された。さらに黄泉の国から戻った伊邪那岐命の禊によって、最高神である天照大御神《あまてらすおおみかみ》と、月読尊《つきよみのみこと》、素戔嗚尊《すさのおのみこと》の三貴子が生まれる。

高天原にはさまざまな地がある。例えば、天岩戸《あまのいわと》。素戔嗚尊の乱暴な振る舞いを恐れた天照大御神は、天岩戸に籠った。そのため、世界が闇に包まれ、災いが頻発するようになる。

そこで神々は、「天安河原《あまのやすがわら》」という場所に集まって対策を協議した。そしてそれぞれの技能を活かし一致協力して天岩戸を開き、世界に光が戻ったといわれる。

また高天原にも「斎庭《ゆにわ》」と呼ばれる田があり、この斎庭の稲穂は天孫・瓊々杵尊《ににぎのみこと》へ授けられ、地上世界である葦原中国《あしはらのなかつくに》へもたらされた。

【黄泉国《よみのくに》】

亡くなった神々が向かう死後の世界で、黄泉国の食べ物を食べると死者の姿となるといわれる。黄泉国から地上へ戻る最後の坂に黄泉比良坂《よもつひらさか》がある。日本神話に記述がある「根《ね》の国」も黄泉国と同じ世界と考えられ、地下の国とも海の彼方の国ともいわれる。大国主《おおくにぬしの》命《みこと》は、根の国で素戔嗚尊の娘・須世理《すせり》姫《びめ》と結婚した。

【葦原中国《あしはらのなかつくに》】

高天原と黄泉国の間にあるとされる地上世界で、日本の国土と考えられている。大国主命によって出雲国の国づくりが行われ、後に降臨した天照大御神の孫・瓊々杵尊《ににぎのみこと》に国譲りされた。瓊々杵尊の子孫の神武天皇の東征により統一され、日本の国が成立する。

日本神話において特に重要な地上世界の国は、「出雲国」と「日向国」である。出雲国は、高天原を追放された素戔嗚尊が降り立った地である。素戔嗚尊の子孫である大国主命が常世《とこよ》の国から来た少彦名命《すくなひこなのみこと》の協力して国づくりをした。現在の出雲大社がある地とされる。後に天照大御神の命によって、国譲りされる。

日向国は、天孫・瓊々杵尊が降臨したとされる地とされ、現在の宮崎県あたり。瓊々杵尊の子孫である神武天皇は、日向国を出発して国々を平定し熊野へと至り、橿原の宮で初代天皇に即位した。

【夜の国】

天照大御神とともに生まれた三貴子の一柱・月読尊が治める国とされる。文献にも記述はほとんど見られない謎の国である。

【海の国】

竜宮城がある国ともいわれ海の神・綿津見神《わたつみのかみ》が治める。常世《とこよ》の国と同一視されることもある。綿津見神の子孫・玉依姫命《たまよりひめのみこと》は後に初代天皇に即位する神武天皇を出産する。

【常世《とこよ》の国】

海の彼方の国、不老不死の国、死後の世界など、さまざまに解釈される国で、日本神話では、神が常世の国から訪れたり、反対に日本の神が常世の国へ渡る描写がある。

天岩戸《あまのいわと》

天上世界

天安河原《あまのやすがわら》

高天原《たかまがはら》

素戔鳴尊の高天原追放

高天原を追放された素戔鳴尊は出雲国で八岐大蛇を退治する。この地に居を構え、子孫の大国主命が国づくりを行う。

伊邪那美命の死去

火の神・迦具土神（かぐつちのかみ）の出産によって亡くなった伊邪那美命は黄泉の国へ旅立つ。

伊邪那岐命の黄泉帰り

妻・伊邪那美命の死を嘆いた伊邪那岐命は黄泉国まで会いに行くが、黄泉国の住人となった伊邪那美命の姿に怖じ気づき、高天原へと逃げ帰った。

出雲国《いずものくに》

大国主命の国譲り

天照大御神の命によって出雲国を譲った大国主命は、その引き換えに壮麗な宮殿が建てられ、根の国（黄泉国と同一視される）の統治を任せられた。

死後の世界

黄泉国《よみのくに》

夜の国

斎庭《ゆにわ》

瓊々杵尊と
神々の降臨

天照大御神の命により、葦原中国の統治を命じられた瓊々杵尊は、神々を引き連れて、高千穂へと降臨する。

猿田彦命の道案内

瓊々杵尊一行が降臨する際に、地上より猿田彦命が迎えにきて、葦原中国まで道案内をした。

日向国《ひゅうがのくに》

地上世界

葦原中国《あしはらのなかつくに》

海の国

田道間守命

垂仁天皇の命によって常世の国へと渡り、幻の果物を持ち帰った。

海の彼方の国

常世《とこよ》の国

少彦名命

常世の国から出雲国を訪れ、国づくりに協力した。国づくりが一段落すると常世の国へと帰った。

日本の総氏神様

天照大御神《あまてらすおおみかみ》

高天原《たかまがはら》と呼ばれる天上世界を統治する最高神。皇室の祖先神としてのみならず、すべての日本人の総氏神様としても崇敬されている。

天照大御神（天岩戸の伝説）歌川国貞 画
天岩戸の前で踊り笑う神々の前に姿を現した天照大御神。
世界に光が戻り、それまで続いた災いも収まった。

太陽の象徴であり、天上世界を統治する最高神

日本で最も尊い神様・天照大御神は、その名の通り万物を照らす神様であり、太陽の化身とされることもある。全国にある神社は天照大御神を祀る伊勢神宮を本宗として仰いでおり、また伊勢神宮のお神札・神宮大麻《じんぐうたいま》は、神棚の中央あるいは一番前に祀られることからも特別な存在であることがわかる。

伊勢神宮 御正宮
伊勢神宮の御正宮の隣には新御敷地（しんみしきち）があり、20 年ごとに行われる式年遷宮によって隣の御敷地に造替される。

天照大御神にまつわるエピソードの中で最も有名なものが、天岩戸神話だろう。高天原において弟神・素戔嗚尊の乱暴狼藉に恐れを抱いた天照大御神は、天岩戸と呼ばれる洞窟に身を隠す。すると世の中は日の光を失い、闇に包まれ、世界に災いが起こった。そこで神々は集まり、天岩戸の前で踊り騒ぎ、大笑いをした。天照大御神は自分がいない世の中でなぜ笑いが起きるのか関心を持って天岩戸から出てきたといわれる。冬に太陽の力が弱まるとともに草木が枯れ、日の光が強まる春から夏にかけて生命が生まれる。そんな死と再生の自然のサイクルを象徴するようなエピソードである。

天照大御神を祀る伊勢神宮では、二十年に一度、式年遷宮と呼ばれる造替事業が行われる。内宮・外宮の御正宮をはじめ、六十棟に及ぶ神殿を新たに造り、神様をお遷しする。これも、死と再生の自然のサイクルを再現しているといえよう。死と再生を繰り返す、すべての生命を慈しみ育む神様が天照大御神なのである。

式年遷宮におけるお木曳き行事
伊勢神宮の式年遷宮では、御用材を神領民が奉曳するお木曳き行事が行われる。

謎多き月の神様
月読尊《つきよみのみこと》

月読宮
伊勢神宮の皇大神宮（内宮）別宮の一つである月読宮。豊受大神宮（外宮）にも別宮・月夜見宮がある。

伊邪那岐命《いざなぎのみこと》により、天照大御神の次に生まれた神様。月の象徴として夜の国を統治するとされるが、その存在は謎が多い。

日の光に次ぐ存在として誕生した月の神様

「三貴子」は、伊邪那岐命が黄泉国《よみのくに》から逃げ帰った後に、穢《けが》れを祓うために小さな入り江で禊《みそぎ》をした際に生まれたとされる。まず左目を洗うと天照大御神が、次に右目を洗うと月読尊が、最後に鼻を洗うと素戔嗚尊《すさのおのみこと》が生まれた。伊邪那岐命は、天照大御神に高天原《たかまがはら》、月読尊に夜の国、素戔嗚尊に大海原の統治を命じる。この三神は特に尊い神として三貴子と呼ばれる。

『日本書紀』には、天照大御神に命じられて、月読尊が食物の神様である保食神《うけもちのかみ》に会ったところ、保食神は口から吐き出した食物でもてなしたことに激怒し、保食神を殺してしまうエピソードがある。このため天照大御神と月読尊は不仲になった。こうして二神は昼と夜とに別れて住むようになり、昼と夜が生まれたという。三貴子の一柱である月読尊だが、文献の記述は極めて少なく、日本神話の中で最も謎が多い神様の一柱である。

かつて日本は太陽暦ではなく、月の運行を元にした太陰暦を用いていた。月読尊はその名の通り、月を読む「暦」の神様でもある。暦は作物の種まきや収穫の時期をはかるものであることから、月読尊は農業の神様として広く信仰されている。また海の干満を司り魚の産卵などに影響を与えることから、漁業の神様としても信仰がある。

月百姿 南海月　月岡芳年 画
最後の浮世絵師と言われた月岡芳年は百枚もの月の絵を残した。写真は月の下にたたずむ観音像。

出雲へ降りた大海原の神様 素戔嗚尊《すさのおのみこと》

荒れた乱暴者として高天原《たかまがはら》を追放される一方、八岐大蛇《やまたのおろち》退治、日本初の和歌の制作など、英雄・文人としても知られる。

石見神楽「大蛇」
島根県石見地方で行われる岩見神楽では、素戔嗚尊が八岐大蛇を退治する様子が舞われる。

乱暴者か、英雄か 三貴子の末弟

素戔嗚尊の名の「すさ」は、「すさまじい」の意であり、その名の通り勇ましく荒ぶる神様である。大海原の統治を伊邪那岐命《いざなぎのみこと》から任された素戔嗚尊だったが、母・伊邪那美命《いざなみのみこと》のいる根之堅洲国《ねのかたすくに》（死後の国）に行きたいと駄々をこねたことから、伊邪那岐命の怒りを買い、高天原を追放される。素戔嗚尊は、別れの挨拶に天照大御神《あまてらすおおみかみ》に会いに行くが、天照大御神は素戔嗚尊が攻めてきたと思い、武装して出迎える。結局、素戔嗚尊の身の潔白は証明され、高天原に留まることを許されるが、素戔嗚尊の乱暴な素行から天照大

大日本名将鑑 素戔嗚尊
月岡芳年 画
奇稲田姫は八岐大蛇の人身御供だった。素戔嗚尊により八岐大蛇が退治され救われた奇稲田姫は、素戔嗚尊の妻となった。

天叢雲剣を献上する素戔嗚尊（『皇国開闢由来記』より）
出雲国で八岐大蛇を退治した際に胴体から発見した天叢雲剣は天照大御神に献上され、後に天孫・瓊々杵尊に託される。

御神は天岩戸に籠ってしまう。こうして、素戔嗚尊は今度こそ、高天原を追放されてしまうのである。

しかし、出雲の地へと降り立った素戔嗚尊は一変、英雄となる。有名な八岐大蛇退治の話では、八つの頭を持つ大蛇を酒に酔わせる作戦により、見事打ち倒し、その胴から三種の神器の一つ「天叢雲剣《あめのむらくものつるぎ》（後の草薙剣《くさなぎのつるぎ》）」を手に入れた。この剣を天照大御神に献上した素戔嗚尊は、出雲の国に留まり、奇稲田姫《くしなだひめ》を妻として迎える。

この時詠んだ歌「八雲立つ　出雲八重垣　妻籠に　八重垣作る　その八重垣を」が、日本で最初の和歌といわれている。

後にはインドの祇園精舎の守護神である牛頭天王《ごずてんのう》と習合し、疫病を封じる神様として広く信仰されるようになった。荒ぶる神としてだけではなく、その勇ましさから、水難や火難など、あらゆる災いを退ける厄除けの神様として知られている。

氷川神社
素戔嗚尊を祀る氷川神社は、埼玉県と東京都を中心に200社ほどある。氷川の名は、八岐大蛇を退治した簸川から。

氷川女体神社
氷川神社が鎮座するさいたま市内には、素戔嗚尊の妻・奇稲田姫を祀る氷川女体神社がある。

大国主命《おおくにぬしのみこと》

日本の基礎を築いた神様

出雲大社の大国主命像
大国主命には多くの妻神がおり、『古事記』には180柱、『日本書紀』には181柱もの子どもがいたと伝えられる。

葦原中国《あしはらのなかつくに》を発展させた大国主命は「大黒様」としても知られ、『古事記』『日本書紀』において突出して記述が多い。

大いなる国の主にして、国譲りの神様

大国主命は出雲の地に降り立った素戔嗚尊《すさのおのみこと》の子孫として伝えられる神様で、出雲大社の御祭神として知られる。十月のことを神無月と呼ぶが、これは出雲大社の大国主命の元に、全国の神様が集い不在となることから。そのため出雲の地では、十月を神在月と呼ぶ。では出雲に集まって何をするのか。ここで神々は守護する領域の人々の情報交換を行い縁を結ぶといわれている。近年では、縁結びを願う人々から特に篤く信仰されるようになった。

大国主命は、大己貴命《おおなむちのみこと》、八千矛神《やちほこのかみ》、大物主命《おおものぬしのみこと》など多数の別名を持ってい

大黒像（江戸期）
大黒天はもともとヒンドゥ教のマハーカーラが仏教の大黒天となり、さらにその特徴と名称が似ていることから大国主命と習合した。日本における「だいこく様」は一般的に大国主命と大黒天の神仏習合の場合が多い。

大名持命奇魂問答の所（『皇国開闢由来記』より）
奇魂とは、人に幸いをもたらす霊性の側面を表す。大神神社の御祭神の大物主神は大国主命の奇魂といわれる。

ることでも知られる。これは大国主命の御神徳の高さの表れでもある。

全国の神々が集まるほど大きな力を持っている大国主命だが、天照大御神の命により出雲を訪れた建御雷神《たけみかづちのかみ》から、葦原中国《あしはらのなかつくに》の統治を天津神《あまつかみ》（高天原《たかまがはら》に住まう神々）に譲るように伝えられると、二人の息子が同意し、自らが住まう巨大な宮殿を建てることを条件に国を譲る。こうして建てられたのが出雲大社といわれる。

そんな大国主命で有名な話は、「因幡《いなば》の白兎」の神話だ。白兎がサメたちを騙《だま》して並ばせて、隠岐の島から本州に渡ったところ、激怒したサメによって皮を剥がされてしまった。痛みに苦しんでいるところに、大国主命の兄弟神である八十神《やそがみ》は、「海水を浴びて風に当たりなさい」と嘘を教える。さらに痛みに苦しんでいるところに大国主命が通り、親切に治療法を教えた。優しい心と医学の知識を持ち合わせている大国主命の姿がうかがえる。

出雲大社本殿 復元模型
伝承によると、かつての出雲大社の本殿は現在よりもはるかに高く、奈良・平安時代には 16 丈（約 48m）、それ以前には 32 丈（約 96m）であったと伝えられる。

倭姫命《やまとひめのみこと》

伊勢に天照大御神を祀った神様

倭姫宮
伊勢神宮の内宮別宮である倭姫宮は、伊勢神宮を鎮座した倭姫命の功績を讃え、大正 12 年（1923）に創建された。

三種の神器の一つ・八咫鏡《やたのかがみ》を祀る地を探し求めた倭姫命は、三十年以上もの月日を費やし、伊勢神宮を鎮座した。

垂仁天皇の皇女にして伊勢神宮を鎮座した女神

三種の神器の一つである八咫鏡はもともと皇居に祀られていた。第十代崇神天皇は、天照大御神《あまてらすおおみかみ》の御神体である八咫鏡を皇居内でお祀りすることは畏れ多いと考えた。

そこで、娘の豊鍬入姫命《とよすきいりびめのみこと》に天照大御神を祀る地を探すよう、八咫鏡を託した。こうして豊鍬入姫命は八咫鏡を持って皇居を出て、大和の笠縫邑《かさぬいむら》に祀った。

次の第十一代垂仁天皇になると、垂仁天皇の娘である倭姫命が天照大御神にお仕えする「御杖代《みつえしろ》（天皇の代わりに神に奉仕し、言葉を伝える者）」と

伊勢の神宮鎮座の図　神宮徴古館 蔵
至高至貴の神・天照大御神を祀る伊勢神宮は、約2千年前に伊勢の地に倭姫命によって鎮座した。1300年もの間、20年ごとに行われてきた殿舎の造替儀式・式年遷宮は、平成25年に第62回目が行われた。

して、その任に当たることとなった。そして、天照大御神を祀るのによりふさわしい地を探し求め、倭姫命は三十年以上にもわたる長い旅路に出て、ついに伊勢の地に天照大御神を祀り、伊勢神宮が創建されたのである。

現在でも倭姫命が天照大御神を一時的に祀った足跡である「元伊勢」と呼ばれる神社が、紀伊半島かを中心に愛知県から岡山県までの広範囲に五十あまりある。倭姫命がいかに天照大御神を崇敬し、妥協せずに最適な地を探し求めたかがわかるだろう。

伊勢神宮創建後も、倭姫命は伊勢の地に留まり、伊勢神宮の年中行事や神職制度、伊勢神宮に所属する神社の選定、お供え物を製造する神領や田畑の確立などに尽力し、伊勢神宮の祭祀と運営の基礎を築いたのである。

一大プロジェクトを不屈の精神で成し遂げた倭姫命は、キャリアウーマンをはじめ、伊勢神宮を訪れる多くの人々に信仰されている。

初代天皇に即位した神様

神《じん》武《む》天《てん》皇《のう》

天孫・瓊々杵尊《ににぎのみこと》の曾孫にあたる神武天皇は、日向国《ひゅうがのくに》から大規模な東征を行い、ついに大和国で初代天皇として即位する。

橿原宮　神宮徴古館 蔵
大和を平定した神武天皇は畝傍山の東南の地に橿原宮を築き、初代天皇に即位した。現在はこの地に橿原神宮がある。

天照大御神《あまてらすおおみかみ》の悲願を達成
初代・神武天皇

降臨した瓊々杵尊は日向国の統治に力を入れた。そして瓊々杵尊の曾孫、つまり天照大御神から数えて六代目にあたる神武天皇は、葦原中国《あしはらのなかつくに》を平穏にするためには、東を目指す必要があると考えた。日向国の美々津浜から出発した神武天皇一行は、現在の大分県宇佐市、福岡県芦屋市を経由して広島、岡山と順調に東征を進めた。

しかし、大和国生駒でこの地を支配する長髄彦《ながすねひこ》と闘い、兄の五瀬命《いつせのみこと》が流れ矢によって負傷する。五瀬命は、「自分が日の神である天照大御神の子孫であるのに、太陽に向かって戦うことは

神武天皇と金鵄　神宮徴古館 蔵
長髄彦の戦いにおいて、突如空が暗くなり雹が降り出すと、神武天皇の弓に金鵄がとまり、まばゆい光を放った。

天の意思に逆らうことだ」といって亡くなった。そこで一行は、紀伊半島を回って熊野の地に入ることにした。

熊野の山道を進むことも困難な道だった。天照大御神は、熊野に住む高倉下という者に霊剣・布都御魂《ふつのみたま》を授け、神武天皇に届けさせた。兵の士気は上がり、さらに足が三本ある八咫烏を神武天皇の元に送り道案内をしたことで、神武天皇一行は熊野の道を通過したのである。こうして長髄彦とついに決戦となった。

戦況は一進一退だった。そこに一羽の金色の鵄《とび》が神武天皇の弓の先に止まり、金色に輝く光を放った。長髄彦の兵は目がくらみ、戦いは神武天皇の勝利に終わる。

東征を終えた神武天皇は、終着地である大和の畝傍山《うねびやま》に橿原宮《かしはらのみや》を造営し、そこで初代天皇に即位した。このとき五十二歳だったといわれる。こうして現在まで一二五代続く皇室の歴史がはじまるのである。

大山咋神《おおやまくいのかみ》

国土を開発した山の神様

「山王《さんのう》」とも称される霊山・比叡山の地主神。最澄が延暦寺創建の際に守護神として祀ったことから天台宗と習合した。

松尾大社
京都最古の神社の一つ。平安京遷都の際には、皇城鎮護の神として崇敬され、「賀茂の厳神、松尾の猛神」と称された。

国土を切り開いて開発した「山王」と称される神様

山末之大主神《やますえのおおぬしのかみ》という別名を持つ大山咋神は、最も有名な霊山の一つである比叡山（日枝山）の守護神として古くから信仰されてきた。

大山咋神は全国にある日吉・日枝・松尾社などで祀られており、「山王」と称される山の神である。山の神様であるため眷属《けんぞく》（神の使い）は猿。そのため大山咋神を祀る神社では狛犬の代わりに神猿像がある。「咋《くい》」とは「杭」のことで、大山咋神とは「大きな山の所有者」を意味する。最澄が比叡山に延暦寺を開く際、大山咋神を守護神としたことから天台宗と習合した。

天台宗と神道（大山咋神）の習合は進み、やがて天台宗の一派は「山王神道」と名乗る。徳川家康公のブレーンとして知られる天海僧正もこの一派に属し、山王神道を「山王一実神道《さんのういちじつしんとう》」と改めた。天台宗の布教によってもまた、大山咋神の信仰は広まっていったのである。

京都の浮田明神の伝承には、太古の昔に大山咋神が丹波国（現在の京都府あたり）一帯を切り開き国土としたといわれ、国土開発の守護神として知られる。さらには諸産業繁栄、農耕の神様として信仰される。また大山咋神が祀られている京都最古の神社の一つである松尾大社では、醸造の神様として酒造関係者からの崇敬が篤い。

男神坐像　松尾大社 蔵
重要文化財
平安時代に制作された坐像で、全国に残る神像のうち最初期の作品といわれる。

熊野神《くまののかみ》

熊野三山に祀られる十二の神々

熊野本宮大社、熊野速玉大社、熊野那智大社の熊野三山に祀られる神様。平安期には歴代の上皇、天皇の熊野参詣が相次いだ。

大斎原（おおゆのはら）
熊野本宮大社があった地で、もともと二つの川の中州にあった。現在本殿のある地から東北に500m ほど離れている。

「蟻の熊野詣」と称された山岳信仰の聖地・熊野

熊野神は、ユネスコ世界遺産に登録された「紀伊山地の霊場と参詣道」の構成資産である熊野本宮大社（家都美御子大神《けつみみこのおおかみ》）、熊野速玉大社（熊野速玉大神《くまのはやたまのおおかみ》）、熊野那智大社（熊《くま》野夫須美大神《のふすみのおおかみ》）の三社で祀られる三柱の祭神と十二の神々の総称である。俗に熊野権現とも呼ばれる。各神様の素性は諸説あり、詳しくはわかっていない。熊野神の使いである三本足の鳥・八咫烏《やたがらす》は、神武天皇が東征の際に熊野で道に迷った際に道案内をした。『日本書紀』には伊邪那美命《いざなみのみこと》が熊野の有馬村に葬られたと伝えられ、熊野は古代より聖地として信仰されていた。

平安時代には浄土教と習合し、家都御美子大神は阿弥陀如来、熊野速玉大神は薬師如来、熊野夫須美大神は千手観音と考えられた。熊野の地は浄土と考えられ、「蟻の熊野詣」といわれるほど信仰を集めた。第五十九代宇多天皇（上皇時代）にはじまり、第九十代亀山天皇まで、天皇などの参詣が相次ぎ、後白河院は三十四回にわたって熊野詣を行った。また山岳修行によって霊力を得て悟りを開く「修験道」の聖地としても知られる。

熊野三社はそれぞれ主祭神は異なるが、それぞれの御祭神を勧請して祀っている。古くより延命長寿や無病息災の御神徳があると信仰されている。

木造文殊菩薩騎獅像
新宮熊野神社（福島県）蔵
熊野三神とともに熊野十二所権現の一柱として祀られる迦具土神（かぐつちのかみ）は仏教における文殊菩薩と習合した。

神々の仲を取り持った山の神様
菊理媛神《くくりひめのかみ》

石川県の霊峰・白山《はくさん》の神様。伊邪那岐命《いざなぎのみこと》と伊邪那美命《いざなみのみこと》の仲介者であり縁結びの神様としても信仰が篤い。

白山比咩神社
古くから信仰がある白山を御神体とする神社。養老２年（718）に修験僧・泰澄大師によって創建されたと伝えられる。

『日本書紀』の一節にのみ登場する謎多き山の神様

石川県にある霊峰・白山を御神体とする白山比咩神社《しらやまひめじんじゃ》の御祭神として知られている。白山比咩大神《しらやまひめのおおかみ》、白山媛命《しらやまひめのみこと》といった別名を持ち、全国の白山神社で祀られている。『古事記』には記述がなく、『日本書紀』の一場面にのみ登場する神様である。

伊邪那岐命が黄泉国《よみのくに》から逃げ帰る際に、追ってきた伊邪那美命と黄泉《よもつ》比良坂《ひらさか》で言い争いをする。その時に現れたのが、道の番人である泉守道者《よもつちもりびと》と菊理媛神の二神である。泉守道者は伊邪那美命の言葉を取り次ぎ、「私はすでに国を生みました。なぜこれ以上生むことを求めるのでしょうか。一緒には帰れません」と伝えた。そして、菊理媛神が伊邪那岐命に何事かを申し上げた。すると伊邪那岐命は菊理媛神を褒め、帰っていったという。この時、菊理媛神が何を伝えたのか記述はない。またどこから現れたのか、誰の子なのかといった出自も記されておらず謎の多い神様である。

死者である伊邪那美命と生者である伊邪那岐命との間を取り持ったことから、山の神に言葉を伝える巫女の神格化とも伝えられる。古くより山は人界とは異なる他の世界と考えられ、祖先の霊が宿る地とも考えられた。菊理媛神の描写は、そんな他界である山と人界をつなぐ巫女の姿を連想させる。

白山神　円空 作
江戸時代初期に行脚僧・円空によって制作された白山神像。円空は山岳修験道の行者だったことでも知られる。

富士山の神様にして美の女神

木花開耶姫命《このはなのさくやびめのみこと》

神話の中で最も美しいともいわれると同時に命のはかなさも象徴する神様。富士山の御祭神としても知られている。

木花開耶姫命（『皇国開闢由来記』より）
山の神・大山祇神の娘である木花開耶姫命は、富士山を授けられ、富士山のみならず東日本全体を守護することとなった。

花の美しさとはかなさを象徴する神様

桜などの花の美しさを表すような名を持つ木花開耶姫命は、その名の通り神話上最も美しい神様ともいわれる。一方、美しく咲いた花もやがて散るように、命のはかなさ、命に限りがあることを表す神様でもある。

山の神である大山祇神《おおやまつみのかみ》の娘とされ、日本一の霊峰・富士山の神様でもある。富士山を御神体とする富士山本宮浅間大社をはじめ、日本全国にある国内約一三〇〇社の浅間神社に祀られている。

『古事記』では、降臨した天孫・瓊々杵尊《ににぎのみこと》が笠沙の御前で木花開耶姫命

富士山
木花開耶姫命は父神である大山祇神から富士山を譲り受け、全国の浅間社で祀られるようになった。

富士山本宮浅間大社
富士山を御神体とする神社で、全国の浅間社の本社。御祭神の木花開耶姫命にちなみ桜を神木としている。

に出会い、一目惚れして求婚する。父神の大山祇神は大変喜び、木花開耶姫命とともに姉の磐長姫命《いわながひめのみこと》もともに娶るよう差し出した。木花開耶姫命が山の木と花の神様であるのに対し、磐長姫命は山の岩石の神様で、その容姿が醜かったため大山祇神の元に帰されてしまった。

大山祇神は瓊々杵尊の子孫が岩石のように永久であることを願い、花のように咲き満ちるようにと、二人の娘を差し出したのだが、姉の磐長姫命が返されたことで、子孫の寿命は木の花が散るごとくはかなくなるだろうと嘆いたという。

さて瓊々杵尊と結婚した木花開耶姫命は一夜にして懐妊した。瓊々杵尊が自分の子か疑ったため、怒った木花開耶姫命は産屋の出入り口に火をつけ、燃え盛る炎の中、火照命《ほでりのみこと》（海幸彦）、火須勢理命《ほすせりのみこと》、火遠理命《ほおりのみこと》（山幸彦）の三神を無事出産した。そのため安産の神様としても信仰がある。

木花開耶姫命図
父神・大山祇神が木花開耶姫命に対して今日の甘酒にあたる天舐酒（あまのたむけざけ）を作ったため、大山祇神を酒解神（さけとけのかみ）、木花開耶姫命は酒解子神（さけとけのこのかみ）の名で酒の神様としても信仰されている。

住吉神《すみよしのかみ》

航海と和歌上達の神様

住吉大社
住吉三神と神功皇后を祀る住吉大社は、海上交通の守護神としても信仰されている。

海の神様であり船を導く航海神。また和歌による御神託をもたらしたと伝えられ、和歌の神様としての信仰も篤い。

伊邪那岐命《いざなぎのみこと》の禊祓《みそぎばらい》により生まれた三神

　住吉神は、黄泉国《よみのくに》から帰った伊邪那岐命が穢《けが》れを祓うために行った禊によって生まれた神様である。水底ですすぐと底筒男命《そこつつのおのみこと》が、水中ですすぐと中《なか》筒男命《つつおのみこと》が、水面でそそぐと表筒男命《うわつつのおのみこと》が生まれたとされる。住吉神はこの三神の総称である。海の神様として船主や漁業関係者、海産物業者から特に信仰が篤い。

　住吉神は神功皇后《じんぐうこうごう》に神懸かりし、天津神《あまつかみ》の意思を託宣して朝鮮半島への遠征を促したとされる。神功皇后はこの託宣に従い軍船を率いて朝鮮に出征した。その際の海路は住吉神によって無事に航海できたと伝えられ、神功皇后は新羅を征討し服属させた。神功皇后は住吉神に深く感謝し、大阪の住吉の地に祀った。これが住吉大社である。遣唐使が盛んに送られた時代には遣唐船の安全航海が必ず行われたという。このため、現在でも航海の安全を祈願する貿易、海運、造船業者などから信仰されている。

　また住吉大社の由緒『住吉大社神代記』や『伊勢物語』には、御神託が和歌の形式とされる記述がある。『伊勢物語』には住吉明神（住吉神）の神詠として、「むつまじきと君は白波瑞垣の久しき世より祝ひそめてき」という和歌がある。そのため和歌上達の守護神としても信仰されている。

住吉明神　吉川靈華 画
藤原定家の和歌「あいおいの ひさしき色も 常磐にて 君が代守る 住吉の松」の情景が描かれている。
写真／TNM Image Archives

神社に最も多く祀られる神様
八幡神《はちまんしん》

応神天皇像　松平定信 画
歴史的に実在した最初の天皇ともされる応神天皇は 41 年間の治世で日本文化の基礎を築いたといわれている。写真／ TNM Image Archives

全国の神社の御祭神中、最も多く祀られている神様。八幡大菩薩とも呼ばれ、鎮守神として全国の寺にも勧請された。

武の神様から諸願成就の神様へ

八幡神は、十五代応神天皇（誉田《ほむだ》別命《わけのみこと》）のこと。平安後期の歴史書『扶桑略記』では、欽明天皇の御代（六世紀）に大分県宇佐に八幡神が現れ、「われは十五代の応神天皇であり、護国霊験威身神大自在王菩薩なり」と名乗ったと伝えられる。

応神天皇は歴史的に実在した最初の天皇ともいわれる。百済からの帰化人を受け入れたり、中国の産業や文芸を積極的に導入し、応神天皇の治世によって日本文化の基礎が築かれたといわれている。

母は神功皇后《じんぐうこうごう》で、三韓征討で朝鮮半

神功皇后と応神天皇　神宮徴古館 蔵
宰相である武内宿禰が応神天皇を抱き、武装した神功皇后の前へと進む。武内宿禰は応神天皇の宰相としても活躍した。

仲津姫像
応神天皇妃の仲津姫命は市杵島姫命ともいわれ、八幡神とともに全国の八幡神社の多くに祀られている。

島に出征した際には、胎内にいながらにして霊威を発揮したといい、「胎中天皇」とも称された。全国にある神社数では稲荷社が最も多いが、お祀りされている御祭神の数では八幡神が最も多いといわれる。

天応元年（七八一）には宇佐八幡宮に八幡大菩薩の神号が贈られ、寺の鎮守神として八幡神が多くの寺に勧請されるようになった。また八幡神は応神天皇の神霊であることから、皇祖神としても考えられた。『承久記』には「日本国の帝位は伊勢天照太神、八幡大菩薩の御計ひ」と記されており、天照大御神《あまてらすおおみかみ》に次ぐ、皇室の守護神とされた。

清和源氏は八幡神を氏神としたことから、中世には武士に広く信仰された。そのため、戦前までは武の神として信仰されていた。現在では、母・神功皇后の胎内にいながら神意を発揮したことから安産や子育て、諸願成就の神として信仰されている。

僧形八幡神坐像
平安時代以降、武士の台頭によって全国に広まった八幡信仰は、神仏習合が進むと八幡神は僧形で表されるようになった。

宇《う》迦《か》之《の》御《み》魂《たまの》神《かみ》

農業・商業など諸産業の神様

「お稲荷さん」として知られ、稲の精霊が神格化した神様。稲荷社は全国で最も多い神社である。

伏見稲荷大社
全国にある稲荷社の総本社。鳥居を奉納する習わしがあり、神域の稲荷山には約一万基もの鳥居が並ぶ。

五穀豊穣をもたらす食物を司る神様

宇迦之御魂神の「宇迦《うか》」とは「食」の意味で、その稲の精霊「稲魂《いなだま》」が神格化した神様である。『古事記』では、素戔嗚尊《すさのおのみこと》と神大市比売《かむおおいちひめ》の子とされるが詳しい記述はない。

また『日本書紀』には伊邪那岐命《いざなぎのみこと》と伊邪那美命《いざなみのみこと》が国生みをした後に飢えを感じて、宇迦之御魂神を生んだとされる。兄神には、正月にお迎えする神様で、一年の収穫の神様である大年神《おおとしがみ》がいる。性別の記述もなく、謎の多い神様だが、穀物を生み出すことから一般的に女神と考えられている。

日本人にとって稲は特別なもので、

稲荷本尊
寺院に祀られた稲荷神で、宇迦之御魂神は仏教や民間信仰とも習合し、全国で信仰されるようになった。
愛知県の豊川稲荷など現在も稲荷神を祀る寺院が残っている。

天孫・瓊々杵尊《ににぎのみこと》が降臨する際に天照大御神《あまてらすおおみかみ》から、子々孫々まで大切に育てるように渡されたものである。一般的に「お稲荷さん」として知られるが、「稲荷」はもともと「稲《い》生《な》る」が訛ったものとする説もある。

食物を司る神様は、宇迦之御魂神以外にも伊勢神宮外宮に祀られている豊受大御神《とようけのおおみかみ》や保食神《うけもちのかみ》など多く見られるが、性格上、宇迦之御魂神と同一神として考えられることが多い。

稲荷社は全国に三万社以上あり、邸内社などの小社、祠を含めれば五万社以上あるともいわれる。稲作文化だった日本において最も広く信仰されている神様の一柱である。

宇迦之御魂神はもともと稲魂の神様と考えられたが、稲は一粒の米からたくさんの実がなることから、商売繁盛、産業隆昌など、諸産業の企業などからの信仰が篤く、会社や自宅などのプライベートな社《やしろ》として、全国に分社されている。

建御雷神《たけみかづちのかみ》

地震を制御する武の神様

鹿島神宮の要石
要石は香取神宮にもある。全国に神宮号の神社は多くあるが、かつては伊勢神宮、鹿島神宮、香取神宮の三社だけだった。

経津主神《ふつぬしのかみ》と並び武の神様として知られており、大地震を引き起こすとされる大鯰を押さえる神様として信仰されている。

葦原中国《あしはらのなかつくに》の平定に尽力し、地震を制御する神様

建御雷神は、伊邪那岐命《いざなぎのみこと》が火の神・迦具土神《かぐつちのかみ》の首を切り落とした際、流れ出した血から生まれた剣の神である。武道場で神棚などに祀られる三神で、中央に天照大御神《あまてらすおおみかみ》、右に建御雷神、左に経津主神が祀られていることが多い。現在も武道を志す人々から信仰を集めている。

建御雷神は、天孫・瓊々杵尊《ににぎのみこと》が天降る前に地上世界・葦原中国の平定のために経津主神とともに降り立ち、諸国を平定した。またその名の通り、雷神と考えられ、神話でも落雷を連想させる記述が多く見られる。天を切り裂く雷と剣のイメージが合わさって、この名が付けられたのだろう。

建御雷神は、武の神・剣の神としてのみならず、地震を制御する神様としての信仰が篤い。古くは地震の原因は地下の大鯰があばれるためだと考えられていたが、この暴れる鯰を押さえる神様として武の神である建御雷神が選ばれたのである。

建御雷神を祀る鹿島神宮には、大鯰を押さえつける要石がある。大鯰の頭と尾を押さえつけているといわれ、地表に現れている部分は小さいが、巨大な石が埋められている。『水戸黄門仁徳録』には七日七晩にわたって要石の周囲を掘ったが根元までは届かなかったとある。

鯰をおさえる鹿島明神
武の神として信仰される建御雷神は大鯰を抑える力を持つと考えられた。
写真：東京都歴史文化財団イメージアーカイブ

日本列島を生んだ夫婦神

伊邪那岐命《いざなぎのみこと》・伊邪那美命《いざなみのみこと》

天照大御神《あまてらすおおみかみ》をはじめとする数多くの神を生んだ親神であり、日本列島を生んだ神様。はじめて結婚した夫婦神としても知られる。

伊弉諾神宮
淡路島にある伊弉諾神宮は、国生みの事業を終えた伊邪那岐命の幽宮（かくりのみや）があったとされる地。

日本列島を生み出した天照大御神の親神

高天原《たかまがはら》に最初に現れた天之御中主神《あめのみなかぬしのかみ》は大地を完成させるように伊邪那岐命と伊邪那美命に命じた。そこで二神は、矛を使ってオノゴロ島を作って降り立ち、世界ではじめて「結婚」をしたという。夫婦となった二神の間には「日本列島」が生まれる。淡路島を皮切りに四国、隠岐と次々と島を生み、最後に本州を生んだ。これらの島は全部で八つであったことから、大八島国《おおやしまのくに》といわれる。さらに小豆島など六島を生み、国生みを終えた。国生みの次に二神は、山や海、風などの神様を生むことにする。こうして生まれた神の数

天浮橋に立つ伊邪那岐命と伊邪那美命
二神は天浮橋に立ち、天沼矛で大地をかき混ぜた。矛を引き上げると滴り落ちる雫からオノゴロ島が生まれた。

は三十五柱にのぼる。しかし、火の神・迦具土神《かぐつちのかみ》を生んだ際に、その火によって伊邪那美命は命を落とす。

妻に会うために伊邪那岐命は死者の世界である黄泉国《よみのくに》を訪れた。しかし、妻はすでに腐乱した姿をしていた。恐れをなした伊邪那岐命は慌てて黄泉国を逃げ出す。恥をかかされた伊邪那美命は伊邪那岐命を追ったが、伊邪那岐命は黄泉比良坂《よもつひらさか》を巨石で塞いだ。

このとき、伊邪那美命は、「私と別れるならば一日千人を殺そう」といった。それに対し、伊邪那岐命は、「ならば私は一日千五百人を生み出そう」と答えた。以降、人々の間に生死が生まれたといわれる。恐ろしいエピソードだが、生と死、男と女といった陰陽の二面性で見た当時の世界観がよく反映されている。

二神は日本初の夫婦であるばかりか、日本初の結婚という儀式を行った神様でもあり、夫婦円満の神様として信仰が篤い。

弟橘媛《おとたちばなひめ》

夫のために命を投げ打った女神

日本武尊の妃として東征に同行した弟橘媛は、海を渡る最中に嵐に遭った際、海神を鎮めるためその身を海に投じた。

妻恋神社
東京都文京区にある妻恋神社には、弟橘媛が祀られ、女性参拝者が多く訪れる。

我が身を捧げて夫の窮地を救った妻神

日本武尊の妃である弟橘媛は、日本武尊が蝦夷征討に赴く際に同行した。途中、相模国（神奈川県）から房総半島へ船で渡る際に悲劇は起きる。

走水《はしりみず》と呼ばれていた現在の浦賀水道を渡る際に、日本武尊は「これほど小さい海ならば飛び越えて渡れてしまう」という軽率な言葉をいってしまう。この言動に荒ぶった海神は、日本武尊一行が海を渡る際、通常でも流れが速く渡るのが難しいところにおいて暴風雨を起こした。日本武尊一行が乗った船は転覆の危機を迎えたのである。

弟橘媛　神宮徴古館 蔵
潮流の早い難所で、さらに暴風雨にあった日本武尊一行を救うため、弟橘媛は海に身を投じた。

ここで弟橘媛は、海神の怒りを鎮めるため、夫の身代わりとなって海に身を投じたのである。その後、嵐はおさまり一行は房総半島に上陸する。弟橘媛が入水した七日後、日本武尊は浜辺で、流れ着いた弟橘媛の櫛を見つける。日本武尊はこの櫛を丁重に葬ったという。

弟橘媛の犠牲によって、無事蝦夷国を平定した日本武尊は、群馬県の碓氷峠から関東平野を望み、「吾妻《あづま》はや（ああ、私の妻よ）」と嘆いた。このことから関東のことを「東《あづま》の国」と呼ぶようになったといわれる。

愛には時に自己犠牲を要する場合があるが、弟橘媛は文字通り「献身（身を捧げる）」したことで夫の窮地を救ったのである。

弟橘媛は神奈川県や千葉県を中心に吾妻神社や妻恋神社などに祀られている。極地ともいえる愛のカタチを見せた弟橘媛は、女性を中心に信仰を集めている。

水天宮《すいてんぐう》

「水天」と習合した安産の神様

天之御中主神《あめのみなかぬしのかみ》、安徳天皇、高倉平中宮、二位の尼を祀る水天宮は、仏教の「水天」と習合し、安産の神様として信仰されている。

水天宮
全国にある水天宮は久留米にある水天宮より分社されたもの。日本のみならずハワイにも分社がある。

最初に現れた神と六歳で崩御した安徳天皇

「水天」は仏教の信仰だったが、日本の水神と習合すると安産の神様として信仰されるようになった。天之御中主神は、高天原《たかまがはら》に最初に現れた神様で、無から生まれた様子から出産を守護すると考えられるようになった。

水天宮は、久留米の水天宮を本宮とする神社で、天之御中主神、安徳天皇、高倉平中宮（建礼門院、平徳子）、二位の尼（平時子）を祀る。壇ノ浦の戦いで崩御された安徳天皇と高倉平中宮、二位の尼の御霊《みたま》を慰めるために、高倉平中宮に仕えた按察使局《あぜちのつぼね》・伊勢によって祀られたことにはじまる。安徳天皇は、高倉天皇と平清盛の娘である高倉平中宮の皇子で、生後間もなく立太子し、わずか一歳六ヶ月で天皇に即位した。しかし、六歳の時に源平合戦最後の戦となった壇ノ浦の戦いで二位の尼に抱かれながら入水し、史上最も若くして崩御した天皇である（年齢については諸説ある）。幼くして崩御された安徳天皇は、子どもを守る神様として信仰されるようになった。また祖母である二位の尼、母である高倉平中宮もともに祀られることから、母子を守る安産の御神徳があるとされる。

水天宮では、妊娠五ヶ月目の戌の日に安産祈願する信仰がある。戌の日は十二日ごとにめぐる日で、犬のお産が軽いため安産祈願の吉日とされる。

安徳天皇と典侍の局
幼帝・安徳天皇は三種の神器とともに都落ちし、壇ノ浦で源氏との最後の戦を迎えた。この後、二位の尼に抱かれながら入水する。

神功皇后《じんぐうこうごう》

仕事も子育ても両立した神様

仲哀天皇の后だった神功皇后は、応神天皇を胎内に宿しながら朝鮮半島に遠征し、新羅を征討した。神母・聖母として信仰されている。

住吉大社 第四本宮
神功皇后はたびたび住吉三神から神託を受けた。住吉三神を祀る住吉大社の第四本宮には神功皇后が祀られている。

朝鮮半島まで遠征した日本神話のキャリアウーマン

息長帯日売命《おきながたらしひめのみこと》とも呼ばれる神功皇后は、第十四代仲哀天皇の后であり、八幡神である応神天皇の母である。仲哀天皇が九州の熊襲《くまそ》を征討しようとした際、神功皇后が神懸かりし、住吉三神から神託を受け、朝鮮半島への遠征を促した。しかし、仲哀天皇は神託に従わなかったため急死したという。

神功皇后は、仲哀天皇を殯宮《もがりのみや》（高貴な人の仮の葬儀を行う場所）に納め、お祓いをした後に再び神意を問うと、「この国は皇后に宿る御子が治めるとよい」という神託があった。神功皇后は神託に従い、応神天皇を宿しながら朝鮮半島へ遠征。その際、鎮懐石《ちんかいせき》と呼ばれる卵型の美しい石を腰にさらしで巻き、出産を遅らせた。この鎮懐石は三つあり、月読神社（長崎県壱岐市）、月読神社（京都府）、鎮懐石八幡宮（福岡県）に奉納されたといわれる。

住吉三神の加護のもと新羅を平定して凱旋した神功皇后は、妊娠十五ヶ月で応神天皇を出産した。その後、異母兄である香坂皇子と忍熊皇子の二皇子の反乱を鎮め、応神天皇を立太子し、自ら摂政として政治を執り行った。

八幡神である応神天皇を生み、天皇として育てる姿から神母・聖母として鎌倉時代には仏教と習合し、聖母大菩薩と呼ばれた。母子神として安産・子育ての神様として信仰されている。

神功皇后山車人形　日枝神社 蔵
朝鮮半島から帰国した神功皇后は、応神天皇を出産後、武内宿禰を従えて二皇子の反乱を平定した。

農民から最高位に出世した神様

豊国大明神《とよくにだいみょうじん》

豊臣秀吉公と秀頼公
秀吉公 56 歳の時に誕生した秀頼公は豊臣家を継ぐが、徳川家康に滅ぼされる。
亡くなった地である大阪城にある豊国神社には豊臣秀頼公も祀られている。

豊臣秀吉公は死後、豊国大明神として縁のある地に豊国神社《ほうこくじんじゃ》が創建され祀られた。出世を願う庶民から信仰を集めている。

農民から貴族の最高位に戦国一の出世頭

豊臣秀吉公は、尾張国（愛知県）の農民あるいは足軽の家に生まれたといわれる。織田信長に仕官するとみるみる頭角を現し、主要武将の一人となり、信長が本能寺の変で死亡すると天下統一を果たした。

現在の総理大臣に相当する関白・太政大臣の官職につき、生前は上から二番目の位階である従一位となり、慶長三年（一五九八）に亡くなると、最高位である正一位の神階と豊国大明神の神号が追贈された。この時には、兵を海外にまで進めた武の神として説明されている。亡くなった翌年には京都に豊臣秀吉公を豊国大明神として豊国神社が創建された。その後、徳川幕府が開くと豊国神社は廃絶されるが、庶民の信仰は続き、寛文二年（一六六二）に京都で地震が起きた際には豊国神社周辺が被害が出なかったため、地震除けの神様としても信仰された。

明治維新後には、天下統一後も幕府を開かなかった功臣として豊国神社は再興された。四民平等が謳われた明治政府のもと、立身出世の象徴として絵本や伝記などにも描かれ、広く信仰されるようになる。また豊臣秀吉公ゆかりの地に豊国神社が創建されるようになった。現在でも出世を願うビジネスパーソンや子どもの成長を願う親子などから信仰が篤い。

豊臣秀吉像
豊臣秀吉像がある大阪の豊国神社は明治12年（1879）の創建で、秀吉公、秀頼公のほか秀吉公の異夫弟の秀長公を祀っている。

東奔西走した勝利の神様

日本武尊《やまとたけるのみこと》

第十二代景行天皇の皇子として生まれ、九州から関東まで遠征した英雄。しかし、その生涯は栄光と悲劇の重ね合わせだった。

熱田神宮
約 1900 年前に創建された熱田神宮には、三種の神器の一つ・草薙剣が御神体として祀られている。

日本を平定した皇子の戦続きの生涯

日本武尊は景行天皇の第二皇子として生まれ、小碓命《おうすのみこと》という名だった。小碓命は、まだ青年のうちに九州の熊襲建《くまそたける》兄弟の討伐に向かわされる。小碓命は女装して熊襲建兄弟の宴に忍び込み、二人を打ち倒した。熊襲建兄弟の弟は死の間際、小碓命の武勇を称え、日本武尊の名を贈ったといわれる。西征を成功させた日本武尊だったが、都に戻ると休む間もなく今度は東征を命じられる。

日本武尊は、東征の前に叔母の倭《やまと》姫命《ひめのみこと》のいる伊勢神宮を訪れる。倭姫命は三種の神器の一つ、天叢雲剣《あめのむらくものつるぎ》と

草薙剣と火打石で難を逃れる日本武尊　神宮徴古館 蔵
日本武尊が火攻めにあい、草薙剣と火打石で難を逃れた地は、この故事に倣い、焼津の地名が残っている。

小袋を与えた。これらはすぐに役立つことになる。野原で火攻めにあった日本武尊が小袋を開けると火打石が入っていた。日本武尊は周囲の草を天叢雲剣で薙ぎ倒し、火打石で火をつけ、逆に敵を焼き払うことができた。以降、天叢雲剣は草薙剣《くさなぎのつるぎ》と呼ばれる。

その後も東征を続ける日本武尊だったが上総国（房総半島）に渡る際には海上で嵐に遭い、海神の怒りを鎮めるために、妃の弟橘姫《おとたちばなひめ》が入水する。すると波はやがて凪《な》ぎ、日本武尊は上総国に上陸することができた。

こうして幾多の犠牲の上に東征を終えたが、その帰路、日本武尊は病に倒れ都に帰ることなく命を落とす。日本武尊の陵墓からは白鳥が現れ、天に昇って行ったと伝えられる。

皇子として生まれながら、都にいることはなく戦に明け暮れた生涯だった。しかし、危機を乗り越え勝利をおさめる姿は、日本神話の英雄として今も多くの信仰を集めている。

あらゆる武術を持つ神様
建御雷神《たけみかづちのかみ》・経津主神《ふつぬしのかみ》

剣の化身として生まれた建御雷神と経津主神は、武の神として信仰され、武道場には天照大御神《あまてらすおおみかみ》とともに祀られている。

春日大社
全国の春日社には、藤原氏の守護神として建御雷神、経津主神、天児屋命、比売神の四神が祀られている。

地上世界平定のために遣わされた武の神様

建御雷神と経津主神は、天孫・瓊々杵尊《ににぎのみこと》が地上世界・葦原中国《あしはらのなかつくに》を治めるために降臨する前に、葦原中国平定のため天照大御神から遣わされた神様である。伊邪那岐命《いざなぎのみこと》が十束剣《とつかのつるぎ》で火の神・迦具土神《かぐつちのかみ》の首を切り落とした際に飛び散った血から生まれた神様で、二神を同一神とする説もある。建御雷神は鹿島神宮、経津主神は香取神宮に祀られている。両社は利根川を挟んで相対し、また地震を抑えるとされる要石があるなど、深いつながりがある。

現在では、「〇〇神宮」と神宮号がつく神社は多くあるが、かつては伊勢神宮、鹿島神宮、香取神宮の三社だけであった。鹿島神宮には、建御雷神が悪神を退治する際に用いた技を起源とする「鹿島神流」という武術流派がある。鹿島神流には、剣術と柔術、抜刀術、薙刀術、棒術、杖術、槍術、首里剣術など多岐にわたる武術が伝わっている。また香取神宮には、室町時代に飯篠家直が香取大明神から神巻一巻を授けられたとされる武術「香取神道流」があり、諸武術とともに築城などの技術が伝えられている。

現在でも武道場の床の間や神棚には、中央に天照大御神、右側に鹿島大明神（建御雷神）、左側に香取大明神（経津主神）が祀られ、武芸上達の神様として信仰されている。

春日曼荼羅
建御雷神と経津主神は神仏習合し、建御雷神は不空羂索観音、経津主神は薬師如来として描かれている。
写真／ TNM Image Archives

野見宿禰《のみのすくね》

相撲の祖にして文武両道の神様

当麻蹶速《たいまのけはや》と日本ではじめて「相撲」をとったとされる相撲の始祖。埴輪《はにわ》を考案して人々の命を救った心優しき神様でもある。

野見宿禰神社
両国国技館のほど近くにある野見宿禰神社は、日本相撲協会が管理しており、多くの相撲関係者が参拝している。

埴輪《はにわ》の考案者でもある文武両道の相撲の神様

『古事記』『日本書紀』においてはじめて「角力（相撲）」「力士」の文字が登場するのが、野見宿禰と当麻蹶速の対決である。大和国（奈良県）の勇士・当麻蹶速が生死を問わない勝負を求めたため、第十一代垂仁天皇は、出雲国（島根県）にいた野見宿禰を呼び出した。野見宿禰と当麻蹶速は史上初の天覧相撲を行い、これが相撲のはじまりと伝えられる。勝負は、互いに蹴り合う激しいもので、野見宿禰が当麻蹶速の腰を踏み折って終わる。当時の相撲は現在と異なる格闘技だったようだ。当麻蹶速の当麻の地は野見宿禰に与えられることになった。相撲の神様として現在でも信仰され、野見宿禰神社や相撲神社などに祀られている。

当麻蹶速との相撲の後、野見宿禰は、垂仁天皇に仕えるようになった。野見宿禰は、それまで高貴な人物が亡くなると行われた殉死の風習の代わりとなるものとして、埴輪を考案。垂仁天皇の皇后・日葉酢媛命《ひばすひめのみこと》の葬儀の際にはじめて用いられた。野見宿禰は土師《はじ》氏の姓を与えられ、以降、代々天皇の葬儀を司ることになった。

野見宿禰は、相撲の神として武勇を誇るだけでなく、人々の殉死に心を痛め、埴輪を考案した心優しき知恵者でもあり、文武両道の神様として信仰されている。

野見宿禰と当麻蹴速　月岡芳年 画
野見宿禰と当麻蹴速の対決がはじまりとされる相撲は、現在も横綱が注連縄を締めるなど、神事としての性質がある。

武内宿禰《たけのうちのすくね》

五代の天皇に仕えた長寿の神様

三百六十年以上生きたとされる長寿の神様。五代の天皇に仕え、八幡神、神功皇后《じんぐうこうごう》とも縁が深い名宰相として知られる。

岩清水八幡宮の高良社
武内宿禰を祀る高良社は、応神天皇を祀る全国の八幡社の摂社や末社として祀られている。

五代の天皇を補佐し、三百六十年以上生きた宰相

『古事記』には第八代孝元天皇の孫で、第十二代から十六代の歴代天皇に仕えたとされる。亡くなる際の年齢は三百六十歳を超えていたという。二百八十歳や三百六歳という説もあるがいずれにしても長寿であったことは間違いない。

近年では「武内宿禰」は世襲の名前であるとの推測がなされている。歴代天皇に仕えた忠臣として戦前には、紙幣の肖像にもなっており、日本人にはよく知られている神様だった。

武内宿禰は、景行天皇の時には関東、東北、蝦夷地を視察、成務天皇の時には大臣となり政務を補佐した。仲哀天皇の時に九州・熊襲を征討した。また『日本書紀』には、朝鮮半島遠征前に沙庭《さにわ》（神祭りの場）で神命を乞い、神功皇后に神懸かりさせ住吉三神からの託宣をさせた。神功皇后が帰国後に応神天皇を出産すると、異母兄の香坂皇子と忍熊皇子の二皇子の反乱討伐に功があった。『因幡国風土記』には、三百六十歳のときに因幡国（鳥取県東部）に下向し、双履《そうり》（一足の靴）を残して行方知れずとなったとある。双履が残されていた鳥取県の宇倍神社には本殿裏に双履石が残っている。

延命長寿の御神徳のほか、名宰相として活躍したことから立身出世や試験合格、勝負必勝などの信仰が篤い。

武内宿禰 山車人形　日枝神社 蔵
応神天皇を抱く武内宿禰の山車人形。江戸後期から明治期に武内宿禰の山車人形が多く作られた。

海の彼方からきた薬の神様

少《すくな》彦《ひこ》名《なの》命《みこと》

少彦名命像
神田明神境内にある少彦名命の像。神田明神には大国主命も祀られており、二神はともに祀られることが多い。

波に乗って海の彼方からやってきたという小人の神様。大国主命《おおくにぬしのみこと》を補佐し、医薬をはじめ諸産業の知識をもたらした。

手に乗るほど小さいが膨大な知恵を持った神様

少彦名命は、一寸法師のモデルともいわれる小人の神様である。最初に世界に現れた造化三神の一柱・神産巣日《かみむすひの》神《かみ》の子であり、生まれた際に神産巣日神の手指の間からこぼれ落ちたとされる。神産巣日神は生産の神様として知られる。

『古事記』には、常世《とこよ》の国（海の彼方にあるとされる国）から天乃羅摩船《あめのかがみのふね》（ガガイモの殻の船）に乗り、蛾の皮をまとった姿で光り輝きながらやってきたと書かれており、その姿は手に乗るほど小さかったという。

身体は小さいが、少彦名命が持つ知

少彦名命の発現（『皇国開闢由来記』より）
天乃羅摩船に乗り、波とともに現れた少彦名命は大国主命のもとで国造りに協力し、さまざまな知識と産業をもたらした。

恵や技術は膨大だった。少彦名命は、大国主命の国づくりを補佐し、出雲国の開発と産業を発展させたのである。少彦名命は、国づくりが一段落すると粟の茎にのぼり、その弾力を利用して常世の国へと飛び去っていった。また熊野の御崎から船で帰ったとする記述もある。

大国主命が大黒様とされたことから、少彦名命は恵比寿様とされる。体こそ小さいが、その知識量は膨大であり、特に医薬の神様として信仰されている。

「酒は百薬の長」といわれるように酒作りの神様としても知られ、酒造会社などに祀られていることも多い。また『伊予国風土記』には、大国主命が病気になった際に大分県の速水の湯を運び、湯浴みによって治療したことから、温泉の神様としても名高い。

その他、経営、産業開発、商売繁盛、航海安全など、幅広い御神徳があるとされる。

海の彼方に渡ったお菓子の神様
田道間守命《たじまもりのみこと》

中嶋神社
田道間守命は「菓祖・菓子の神」として兵庫県の中嶋神社に祀られており、分社は太宰府天満宮や京都の吉田神社などにもある。

常世《とこよ》の国へと渡り、十年以上の歳月を費やして幻の果物を持ち帰った田道間守命は、お菓子の神様として信仰されている。

十年の歳月を費やし不老不死の妙薬を探し出す

田道間守命の祖先は、新羅の王子だった天之日矛命《あめのひほこのみこと》である。天之日矛命は日本に渡り、但馬国（兵庫県北部）で土地の娘と結婚した。田道間守命は天之日矛命の玄孫に当たる。

田道間守命は第十一代垂仁天皇から、非時香菓《ときじくのかぐのこのみ》を探してくるよう命じられる。田道間守命は常世の国（海の彼方の国）に渡り、非時香菓を探し求めた。そして十年の歳月をかけて、葉と実を連ねた枝を八本と実だけを連ねた枝を八本、計十六本を携えて帰国した。しかし、すでに垂仁天皇は崩御していた。田道間守命は非時香菓の半分を皇后に献上し、残りを垂仁天皇の御陵の入り口に供えると、その場で泣き叫び、悲しみのあまりそのまま死んでしまったという。

田道間守命が持ち帰った非時香菓はいつでも実をつけている香り高い果実で、一説には橘《たちばな》ともいわれる。また「タチバナ」という名前は、「田道間《たじま》花《ばな》」が転化したものとする説もある。

菓子の「菓」の字からわかるとおり、菓子はもともと果物のことを指した。また『延喜式』には朝廷へ献上する菓子のすべてが木の実や果物を原料としたものだった。そのため、田道間守命は果物の神様としてのみならず菓子の神様として、全国の菓子業者、菓子職人の信仰を集めている。

田道間守命像
手に持つ非時香菓は不老不死の妙薬ともいわれる。果物や薬を求め海外へ渡る神話は世界各地に伝わってる。
写真／アフロ

第一章 日本の神様

天孫降臨の地 高千穂を歩く

日本の歴史をさかのぼると、
やがて神話の世界にいきつく。
そして、神話に描かれた舞台とされる地は、
今もなお日本各地に残っている。
そこは、古代日本がまさにはじまったとされる場所だ。
天照大御神《あまてらすおおみかみ》の孫・瓊瓊杵尊《ににぎのみこと》が
高天原《たかまがはら》から降り立った伝説の地
宮崎県高千穂町を歩く。

高千穂峡・真名井の滝
日向灘へと流れる五ヶ瀬川上流には、7kmの断崖が続く高千穂峡がある。豊かな水流は、天村雲命によって生み出されたと伝えられる。

夜神楽

手力雄（たぢからお）の舞

御神体の舞

鈿女（うずめ）の舞

神楽殿では、毎日午後20時から21時に、観光用に高千穂神楽が奉納されており、見学できる（1人700円）。夜神楽33番の中から「手力雄」「鈿女」「戸取（ととり）」「御神体」の4番が実演されている。

日本の萌芽が生まれた天孫降臨の地・高千穂

宮崎県延岡駅から、路線バスで約一時間半。電車も通っていない山深くに神話の舞台・高千穂町はある。

「高千穂」の名称がはじめて登場するのは、『古事記』における天孫降臨の場面だ。いまだ治まらない葦原中国《あしはらのなかつくに》を見た天照大御神《あまてらすおおみかみ》は、自らの孫である瓊々杵尊《ににぎのみこと》に葦原中国を治めるように命じた。瓊々杵尊は、三種の神器と稲穂を携え、さまざまな技能を持った神々を引き連れて高千穂に降り立ったといわれる。

その高千穂の地こそ、宮崎県高千穂町である（九州南部の霧島連峰高千穂峰とする説もある）。

高千穂町に鎮座する高千穂神社は、瓊々杵尊をはじめ、皇祖の神々を祀る高千穂十八郷八十八社の総社である。日本有数の景勝地・高千穂峡のほど近くに鎮座し、その創建は第十一代垂仁

国見ヶ丘

国見ヶ丘から見る雲海
『ミシュラン・グリーンガイド・ジャポン』で一つ星を獲得した景勝地。折り重なるように連なる山々のもとに高千穂町がある。
住所：高千穂町大字押方 6450-3

国見ヶ丘には、瓊々杵尊と大鉗（おおくわ）小鉗（おくわ）像がある。
大鉗小鉗は天孫降臨に会った土着の豪族。

天皇の御代と伝えられる。高千穂神社では、毎年十一月二十二日から翌二月中旬の間、重要無形文化財・高千穂の夜神楽全三十三番が各集落で一晩かけて奉納される。その起源は古く神話の世界にまで遡《さかのぼ》るともいわれる。天照大御神の天岩戸《あまのいわと》隠れの場面を再現した舞は、神話の世界と現代とのつながりを感じさせるものだ。

高千穂神社

高千穂神社
主祭神は高千穂皇神（日向三代）と十社大明神。農産業・厄祓・縁結びの神様として信仰されている。
住所：宮崎県西臼杵郡高千穂町大字三田井字神殿 1037

高千穂神社にある鎮石
第 11 代垂仁天皇の勅命により、高千穂神社が創建した際に用いられた鎮石と伝えられる。鹿島神宮創建時には高千穂神社から地震を抑えるといわれる要石が贈られたという。

三毛入野命（みけいりのみこと）と鬼八（きはち）像
三毛入野命は神武天皇の皇兄で荒ぶる神・鬼八を退治したといわれる。高千穂峡には、鬼八が投げたといわれる力石が残っている。

『古事記』『日本書紀』に描かれた高千穂の姿

高千穂の地を一望したいならば、国見ヶ丘がおすすめだ。古くは神武天皇の孫・建磐竜命《たけいわたつのみこと》が九州統治の際に立ち寄り、国を見た場所といわれ、高千穂盆地を一望できる。秋の早朝には盆地全体が雲海に覆われ、神話の世界を髣髴《ほうふつ》とさせる絶景が広がる。

では天孫・瓊々杵尊は高千穂のどの場所に降り立ったのか。『古事記』には「筑紫の日向の高千穂之久士布《くしふ》流多気《るたき》」、『日本書紀』には「高千穂の

槵《くし》触《ふる》神社

槵触神社
古くより槵触山を御神体としてお祀りしていたが、元禄７年（1694）に社殿を建立し、瓊々杵尊をはじめとする諸神を祀った。　住所：宮崎県西臼杵郡高千穂町三田井 713

天真名井
高千穂に水がなかったため天村雲命（あめのむらくものみこと）が高天原から水種を移したとされる場所で、高千穂峡の真名井の滝の水源として伝えられる。

高天原遥拝所
槵触神社の南にある小高い丘で、天孫降臨後に諸神が高天原を遥拝した地とされる。周辺には四皇子峰や夜泣き石などの史跡がある。

槵触之峯《くしふるのみね》」と書かれた地に降り立ったとされる。その地こそ槵触山《くしふるやま》である。

槵触神社は、その槵触山を御神体とした神社である。神社の創建年代は不詳で、瓊々杵尊をはじめ降臨時に従った諸神を御祭神としている。

多くの神社が春と秋に大祭を行うが、高千穂神社の春祭に対して槵触神社は秋祭を行うなど、高千穂神社との関係性があるものと考えられている。

社殿脇を二〇〇メートルほど進むと、天孫降臨後に神々が高天原へ向かって拝んだ高天原遥拝所や、水がなかった高千穂の地に高天原から水種を移したとされる水源・天真名井《あまのまない》など、神々の足跡を見ることができる。

天岩戸《あまのいわと》神社

天岩戸神社 西本宮
岩戸川対岸の断崖中腹にある「天岩戸」を御神体としており、社務所に申し込めば神職同伴のもと直拝することができる。　住所：宮崎県西臼杵郡高千穂町岩戸 1073-1

神楽殿（西本宮）
西本宮の神楽殿は、天安河原遥拝所でもある。神楽殿には天照大御神の額がかけられている。

天岩戸神社 東本宮
岩戸川を挟んで西本宮の東側にある東本宮は、天照大御神が天岩戸から出られた後に最初に住んだとされる地。

天安河原《あまのやすがわら》

高天原は実在する？ 天上世界のはずの史跡

　高天原は天上世界だが、高天原にあるとされる地が高千穂にある。その一つが最も有名な神話の舞台・天岩戸だ。実は天岩戸とされる地は日本全国にある。

　おそらく古くから信仰された聖地と高天原の描写とを重ね合わせ、やがて習合したものと考えられる。しかし、天孫降臨の地である高千穂にあるとなれば、やはり心躍ることだろう。

　天岩戸神社《あまのいわとじんじゃ》は、その名の通り天岩戸を御神体とする神社だ。天岩戸神社には西本宮と東本宮があり、天岩戸は西本宮の社務所に申し込めば直拝することができる。東本宮は天岩戸から出られた天照大御神が最初に住んだ地とされ、天岩戸神社は東西一対となっている。

　天岩戸神社西本宮から岩戸川沿いに十分ほど進むと、天安河原《あまのやすがわら》がある。こ

天安河原（あまのやすがわら）
別名「仰慕ヶ窟（ぎょうぼがいわや）」とも呼ばれ、天照大御神が天岩戸に引きこもられた際に神々が神議した場所と伝えられる。大洞窟の中には天安河原宮があり思金神と諸神が祀られている。

こは天照大御神が天岩戸に引きこもられた際に神々が対策を練ったとされる地。いつの頃からか参拝者が河原の石を積むようになり幻想的な空間となっている。高千穂の旅は、降臨した瓊々杵尊の足跡を辿り、やがて高天原へと通じる。まさに時代をさかのぼり神話の世界へと足を踏み入れる旅といえるだろう。

瓊々杵尊《ににぎのみこと》

地上に降り立った天津神

高千穂峰（霧島連峰）にある天逆鉾（あまのさかほこ）
大国主命から瓊々杵尊に譲り渡された天逆鉾は、二度と矛が振るわれないようにと高千穂峰に突き立てられたと伝えられる。

天照大御神《あまてらすおおみかみ》によって、葦原中国《あしはらのなかつくに》の統治を任された天孫・瓊々杵尊は多くの神々を引き連れて日向国《ひゅうがのくに》に降り立った。

地上世界の統治を任された天照大御神の孫

大国主命《おおくにぬしのみこと》が国譲りに同意したため、天照大御神は地上世界である葦原中国の統治に乗り出す。そこで白羽の矢が立ったのが、孫の瓊々杵尊である。天照大御神は瓊々杵尊に対し、三つの神勅《しんちょく》（命令）を与えた。「天壌無窮《てんじょうむきゅう》の神勅」＝永久に葦原中国を治めること、「宝鏡奉斎《ほうきょうほうさい》の神勅」＝八咫鏡《やたのかがみ》を天照大御神として祀ること、「斎庭《ゆにわ》の稲穂の神勅」＝高天原《たかまがはら》の稲を地上にもたらし育てること、の三つである。

三種の神器と稲穂を授けられた瓊々杵尊は、神々を引き連れ降臨することとなる。随行した神は、天岩戸で活躍した天児屋命《あめのこやねのみこと》、布刀玉命《ふとだまのみこと》、天鈿女命《あめのうずめのみこと》、伊斯許理度売命《いしこりどめのみこと》、玉祖命《たまのおやのみこと》、思金神《おもいかねのかみ》、天手力雄神《あまのたぢからおのかみ》、天石門別神《あまのいわとわけのかみ》（天岩戸の神様）など。いざ天降る際、天の八衢《やちまた》に一柱の神がいた。葦原中国から出迎えにきた神で、猿田彦命《さるたひこのみこと》という。この神話から猿田彦命は現在でも道案内、交通安全の神様とされる。

猿田彦命の道案内により瓊々杵尊一行は、日向国に降り立つ。現在でも九州には、天孫降臨の地として、宮崎県高千穂町と霧島連峰の一山である高千穂峰に天孫降臨の伝承が残る。いずれにしても九州の南東部のあたりに、瓊々杵尊は宮殿を建てて、住むこととなり、天津神《あまつかみ》による葦原中国の統治がはじまるのである。

天孫降臨図　神宮徴古館 蔵
瓊々杵尊は多くの神々を引き連れて、八重にたなびく雲をかきわけ、高千穂のくしふる峰に降り立ったといわれる。

天岩戸に集まった神々

天《あまの》手《た》力《ぢから》雄《おの》神《かみ》と諸神

天岩戸神社にある天手力雄神の像
天岩戸と伝えられる地はいくつかあり、宮崎県高千穂町の天岩戸神社の神域にも存在する。

天照大御神《あまてらすおおみかみ》が天岩戸《あまのいわと》に隠れると、さまざまな災いが起こった。神々は知恵を出し、力を合わせる。

高天原《たかまがはら》の神々が集結した天照大御神の天岩戸隠れ

伊邪那岐命《いざなぎのみこと》は三貴子を生んだ後、それぞれに高天原、夜の国、大海原の統治を命じた。しかし、素戔嗚尊《すさのおのみこと》は母・伊邪那美命《いざなみのみこと》の死を嘆くばかりだったため、ついに高天原を追放されることとなった。

別れの挨拶に天照大御神の元を訪れた素戔嗚尊だったが、結局高天原に居座り、天照大御神の元で乱暴狼藉を働いた。これを見た天照大御神は、天岩戸に引きこもってしまった。

すると世界は闇に包まれ、多くの災いが起きるようになった。そこで神々は天安河原《あまのやすがわら》に集まり対策を練ることと

天岩戸を開く天手力雄神と諸神
闇のため天鈿女命の傍らには火が焚かれている。神々は技能を生かし、天照大御神を天岩戸から引き出そうとする。

なる。そして、知恵の神・思金神《おもいかねのかみ》の発案により儀式が行われることとなった。

まず朝を知らせる常世の長鳴鳥（鶏）を鳴かせ、伊斯許理度売命《いしこりどめのみこと》と玉祖命《たまのおやのみこと》にそれぞれ作らせた八咫鏡《やたのかがみ》と八尺瓊勾《やさかにのまが》玉《たま》（後にそれぞれ二つは三種の神器となる）を布帛《ふはく》とともに賢木《さかき》にかけ、布《ふ》刀玉命《とだまのみこと》が捧げ持った。

そして天鈿女命《あめのうずめのみこと》がおもしろおかしく踊ると、神々は一斉に笑った。天照大御神は、闇の世界でなぜ神々が楽しんでいるのかを訝《いぶか》しがり、天岩戸を少し開け天鈿女命に尋ねた。

天鈿女命は「貴方様より貴い神が表れたからです」と答え、天照大御神に八咫鏡を差し出した。天照大御神が鏡を見ようと天岩戸をさらに少し開けた途端、力の神である天手力雄神が扉を開いた。神々の知恵と力の結集により、世界に光が戻り、災いが去ったのである。後にこの神々は瓊々杵尊《ににぎのみこと》に随行し、地上へと降り立つこととなる。

天《あめの》鈿《うず》女《めの》命《みこと》

神々を笑わせた芸能の神様

天鈿女命と猿田彦命（『皇国開闢由来記』より）
天鈿女命と猿田彦命が結婚した記述は『古事記』『日本書紀』にはないが一般的に夫婦として合わせて信仰されている。

踊りによって天岩戸《あまのいわと》隠れの危機を救い、地上に降り立ってからは福の神としても信仰される。

神々を大笑いをさせた芸能の神様

天鈿女命は日本の芸能の祖神ともされる神様である。『古事記』に描かれた日本初の芸能は、天岩戸隠れの際に行われた。

天岩戸に隠れた天照大御神《あまてらすおおみかみ》の関心をひこうと、天鈿女命は神々の前で熱狂的な踊りを披露する。伏せた桶の上に立った天鈿女命は、激しく桶を踏みならしながら踊り、やがて興に乗ってくると胸を露わにし、衣を下げた姿で踊った。

神々は大きな笑い声と歓声を上げたことから、天照大御神が天岩戸を出るきっかけとなる。この踊りこそが神楽

高千穂に鎮座する荒立神社（あらたてじんじゃ）
主祭神は天鈿女命と猿田彦神。二神の結婚が急だったため荒木で御殿を作ったことから荒立宮と称された。

のはじまりとされ、日本初の芸能といわれている。

天孫・瓊々杵尊《ににぎのみこと》と地上に降り立った天鈿女命は、一説には瓊々杵尊を地上へと導いた猿田彦命《さるたひこのみこと》と結婚したとも伝えられる。猿田彦命は鼻が大きいことが特徴で、天狗の原型ともいわれる。全国で天狗舞があるのも天鈿女命と結婚したことと関係があるものと考えられる。

天鈿女命が踊った踊りは、神社で行われる神楽の始まりとされ、日本の芸能の原点といわれている。

天鈿女命の様子は「俳優《わざおき》なして」と記述されている。「俳」は「滑稽な」、「優」は「芝居をする人」の意味があり、俳優の祖としても信仰が篤い。また「おたふく」「おかめ」などと呼ばれ、福の神としても広く信仰されている。

芸人や俳優などの芸能関係者や芸子・舞妓などから現在も篤い信仰を集めている。

猿田彦命《さるたひこのみこと》

神々を案内した交通の神様

天孫降臨の際に、神々を地上へと導いた神様。異様に長い鼻を持ち、二メートルを越す大きな体をしていたと伝えられる。

猿田彦神社
伊勢神宮内宮の近くに鎮座する。大田命の子孫は宇治土公（うじのつちぎみ）と名乗り、代々神宮に玉串大内人（たまぐしおおうちんど）を務めたといわれる。

天狗の原型ともいわれる交通・交渉事の神様

天孫・瓊々杵尊《ににぎのみこと》が神々を引き連れて降臨する際、ホオズキのように光輝く神がいた。そこで天照大御神《あまてらすおおみかみ》は、天鈿女命《あめのうずめのみこと》に何者であるか尋ねるように遣わした。するとその神は猿田彦命と名乗り、瓊々杵尊一行を道案内するために地上世界・葦原中国《あしはらのなかつくに》から迎えにきたといった。

猿田彦命の特徴はやはりその姿だろう。鼻の長さが七咫《あた》（約一七〇センチメートル）、身長七尺（約二一〇センチメートル）の異形の姿をしており、一説には天狗の原型ともいわれる。後世に描かれた猿田彦命の姿も、長い鼻と赤い顔であり、その姿は天狗そのものだ。猿田彦命は伊勢神宮がある五十鈴川《いすずがわ》の上流に居を構えていたとされる。倭姫命《やまとひめのみこと》が天照大御神を祀る地を探して諸国を巡った際には、猿田彦命の子孫である大田命《おおたのみこと》が五十鈴川の上流を道案内したとされる。その後も大田命一族は伊勢神宮に代々務めたといわれる。天照大御神を祀る伊勢神宮内宮の近くには、猿田彦命と大田命を祀る猿田彦神社がある。

猿田彦命は、神々を導いた神様として、交通安全の御神徳があるとして信仰されるほか、近年では道を開いた神様として、仕事成功、交渉事解決の御神徳があるとしてビジネスパーソンからの信仰を集めている。

猿田彦命像
天孫降臨の地・高千穂には猿田彦命を祀る神社があり、猿田彦命の一人舞「彦舞」が行われている。

第二章 企業の神様

厳しい競争の中、日々成長が求められる企業。
「革新」や「カイゼン」などによって
時代の最先端を進んでいる。
しかし一方、多くの企業が、
社内に神棚を持っている事実がある。
さらに現在の日本を代表する企業には
神棚を格上げし、自社の神社を持つ企業もある。
そんな企業保有の「企業内神社」について紹介しよう。

「新しさ」を求める企業と最も「古い」存在である神社

　経営の世界で次々と生まれる新手法、グローバル化によってますます激しくなった開発競争と技術革新…。企業は時代のトレンドを予測し、顧客のニーズにいかに応えるかに日々腐心している。いわば時代の最先端を進もうと努力している存在だ。

　一方、神話や伝承で伝えられる神々を祀る神社は、社会を構成する要素として最も古い存在の一つである。そのため、「開発」や「競争」よりも、今ある姿や文化を次世代に繋げることを第一義としており、企業とは対極的な存在といえよう。

　しかし、そんな企業と神社のつながりは決して浅くはない。一般家庭で神棚や仏壇などが減少している一方で、オフィスに神棚がある企業は多い。また事業所や工場建設の際には、土地の神に許しを乞い、工事の安全を祈願する地鎮祭などの諸祭典が行われている。そして一流企業には、神棚のみならずビルの屋上や敷地内に、自社で神社を建立することも珍しくない。なぜ企業の多くは神社をお祀りするのだろうか。

企業はなぜ神様を祀るのか？

　企業における神社の役割を説明するには、企業を「村社会」に置き換えて考えるとわかりやすい。企業もまた社会全体から見れば、一つの共同体である。共通の目的を持ち、各人、各部署の働きが、他者に影響を与える相互扶助団体だ。現在では隣の住民との関係を持たずとも暮らしに支障はないが、近世以前では田植えなどの農作業や買い付けなど、村全体が相互扶助団体として機能していた。その村の精神的支柱であるのが神社であった。

　村が成立した頃より存在する神社は、天変地異などの人知の及ばないものごとから村を守ってくれる存在であり、村人にとって原点回帰の場所である。正月や催事など節目節目に村人は集まり、自らが村の一員であることを再認識し、先人たちに思いを馳せる。そして祭において、感情を爆発させ、一体感を持ち、村社会の秩序と仕事への意欲を高めた。

　企業も村社会と同様の特徴を持っている。日本独自の文化といわれる社員旅行や忘年会などの飲み会は、村における祭の概念から生まれた企業文化だろう。ビジネス環境もまた自然現象と同様にある程度の予想はできても、想定外の出来事が起きることがある。そんな予測困難で不透明な出来事に対して、社員の不安を和らげる役割が企業内神社にはある。そして創業祭などで、創業の心を思い出すことで、社員の意欲と帰属意識を高める場ともなる。企業という共同体の精神的支柱が企業内神社なのである。

神棚を祀るベンチャー企業

一流会社の多くが企業内神社を持っているが、それらのほとんどは戦前や戦後間もなく誕生した企業であり、高度経済成長を通して今日の規模にまで成長した、いわば「老舗企業」である。そんな長い歴史を持つ企業だからこそ、企業内神社を持っており創業時から続く伝統によって、企業内神社で祭祀が行われていると考える人もいるだろう。つまり、現在では企業内神社はもはや不要な存在である、と。しかし、そのようなことは決してない。

有名な話であるが、ＩＴ関連のベンチャー企業のオフィスには神棚が設けられて大切に祀っているケースが多くある。彼らは、自分一人、あるいは少数の人間で事業を起こした人々で、他とは異なる大胆なひらめきと判断力によって、事業を拡大してきた。新たな分野へチャレンジするベンチャー企業においては、その成長過程において経営書を読んでも書いていない事態も多くある。そのような未知な事態に対して自らの感覚やセンスによって乗り越えてきた彼らは、「こうすれば正しい」という答えがない状況にある。そこで自らの判断を振り返る場所、心の拠り所として神棚を祀る傾向にあるのだ。個人投資家など、特に不安定で厳しい業界を生業とする人が神棚などを祀るケースが多く見られる。

日本的経営の崩壊と帰属意識の希薄化

ベンチャー企業や個人投資家だけではない。大手企業においても企業内神社の役割は今後ますます増してくるだろう。前述したように、企業を村社会と重ね合わせて考えると、企業内神社は村社会における鎮守神社と同様の役割がある。

昭和三十三年（一九五八）に発行されたジェイムズ・アベグレンの『日本の経営』によると、日本的経営の特徴として、終身雇用制、年功序列制、企業別組合制の三つがあるという。これらは村社会においても同様に見られる。村で生まれ、村で亡くなるという

終身雇用的な社会、長老を頂点とする年功序列制、相互扶助団体である「講」組織などである。

しかし、これらの日本的経営の特徴は現在では薄れつつある。長引く不況と少子化によって国内需要は減少し、

非正規社員の割合が増えている。ヘッドハンティングや早期退職制度などはますます増え、終身雇用制は崩壊しつつある。また年俸制の導入など、年度ごとの能力査定が行われ、年功序列制は薄まり社内競争はますます激しくなっている。企業の存続が危ぶまれる中、組合の機能も弱まる傾向にある。

そのような社会状況の中で、新入社員や若手社員は、本人の希望に関わりなく、生涯同じ会社に働く可能性は低いと考えている。会社に対する愛着よりも、仕事に対する生きがいを重要視するようになっているのだ。

神棚を祀るベンチャー企業

しかし、分社システムや多角化経営、ベンチャービジネスへの参入など、大手企業になればなるほど、さまざまな職種が求められる。例えば、製造分野を希望しながら、全く畑違いの外食産業などに配置されるなどのケースは珍しくない。すべての社員の希望に合った人事を行うことは難しい。一方、会社としては、希望の職種でなくても適所の場所で、会社に対して変わらぬ愛着を持って仕事に専念してほしいと考えている。そこで注目されるのが企業内神社なのである。

たとえ希望職種でなくても、「私は○○会社」の社員であるという誇りと、創業時から続く「輝かしい歴史」の延長線上にある、という一体感を得られる場所こそ、変化し続ける企業の中で、「変わらない存在」である企業内神社なのである。

一時期は下火となっていた社員旅行が、近年再評価されているのも、企業への一体感が社員に求められているためだろう。どのような部署であっても社員一人一人が運命共同体の一部として機能し、会社を支えている、そんな意識を再確認できる場所が企業内神社なのである。

白龍大明神の社に刻まれている三つの三角形は、三鱗紋と呼ばれる龍神の印。

企業の神様

No.01

パナソニック株式会社

白《はく》龍《りゅう》大《だい》明《みょう》神《じん》（非公開）

創業者・松下幸之助氏が祀った白龍大明神は現在もパナソニック本社に鎮座している。

全国にある百余の分社の中心に位置する神社

日本最大の総合家電メーカーであり、電気機器を中心に多角的に事業を展開しているパナソニック。平成二十年（二〇〇八）には、社名を松下電器産業から現社名に変更したことは記憶に新しい。その創業者は、経営の神様として知られる故松下幸之助氏である。

パナソニックの企業内神社も松下氏と深いつながりがある。松下氏は明治二十七年（一八九四）に、和歌山県知佐村の浄土真宗門徒の家に生まれた。その生家には白龍大明神を祀る祠があったという。

龍神は水を司る神様で、特に水が重要な農家で信仰された。松下氏が二十三歳の時に、松下電気器具製作所（現パナソニック）を創業。その際に、守護神として白龍大明神を祀った。

また創業後間もなく、阪神百貨店の側を歩いていた際に白蛇が目の前を通ったエピソードも伝えられている（古来、蛇は龍の化身として信じられている）。

昭和八年（一九三三）には本店・工場を門真に移転するが、その際白龍大明神も一緒に遷された。

昭和九年（一九三四）までは、白龍大明神のみが祀られていたが、事業部制、分社制が導入されると、各事業所や工場に、青・黄・赤・黒の各龍神と下天龍王とが祀られるようになる。一時は各地の事業所に、百三十余りの分社が祀られていた。

白龍大明神は現在もパナソニック本社の一角に社員たちによって大切に祀られている。

本店屋上に鎮座しており、買い物客などの参拝が絶えない。

企業の神様

No.02

日本橋三越本店

三囲神社《みめぐりじんじゃ》

日本橋三越本店の本館屋上に鎮座する三囲神社は、江戸時代から庶民の信仰が篤い。

日本橋のランドマークに鎮座する商売繁盛の神様

三越の前身は、延宝元年（一六七三）に開業した呉服店「越後屋」である。越後屋は、「現銀掛け値なし」をスローガンにし、現在では当たり前になっている正札販売を世界で初めて行った。その歩みは、日本の百貨店の歴史でもある。

そんな三越の守護神が三囲神社である。御祭神は宇迦之御魂神《うかのみたまのかみ》、つまりお稲荷さんだ。

三囲神社の本社は隅田区向島に鎮座しており、創建は文和年間（一三五二〜一三五六）の頃といわれる。近江にある三井寺の僧・源慶がこの地を訪れ

た際に、弘法大師・空海が建立されたと伝えられる小堂に立ち寄ったという。

源慶が床下から見つけた壷を開けてみると中より白狐が現れ、壷の中の宇迦之御魂神の神像のまわりを、三度めぐって消えた。以来、この祠は「みめぐり」と呼ばれるようになったといわれている。

また元禄六年（一六九三）の旱魃の際には、俳聖・其角が三囲神社で、「夕立や田を三めぐりの神ならば」と雨乞いの一句を献じると、翌日に雨が降ったといわれ、霊験あらたかとして、ますます江戸庶民から信仰を集めた。

大正三年（一九一四）に日本橋三越本店に分社され、今も三越の守護神として祀られている。

三囲神社の隣には、「活動大黒天」と称される大黒様が祀られており、三越従業員のみならず人々に親しまれている。

境内にある兜石は、東京証券取引所がある兜町の町名の由来となった。

企業の神様

No.03

兜神社《かぶとじんじゃ》

株式会社東京証券取引所

東京株式取引所（東京証券取引所の前身）設立とともに取引所が氏子総代となり、証券関係者から篤い崇敬を集めている。

商売の神様を祀る
東京証券取引所の守護神社

ニューヨーク証券取引所、ロンドン証券取引所と並び世界三大市場の一つとして数えられる東京証券取引所。

その前身は、明治十一年（一八七八）に設立された東京株式取引所である。その際、取引所がこの地にあった兜神社の氏子総代となり、以来証券界の守護神として信仰を集めるようになった。

社殿に奉安されている「倉稲魂命《うかのみたまのみこと》」の社号額は、太政大臣・三條實美公の揮毫《きごう》である。

弘化二年（一八四五）に出版された『楓川鎧の渡古跡考』の地図には、鎧

稲荷と兜塚が描かれており古くからこの地の鎮守として信仰されていたことがわかる。この兜塚とされる兜石は、現在も境内に安置されている。

兜石の起源には諸説ある。一つは、承平天慶の乱で打たれた平将門の兜が埋められた場所とする説、あるいは、源義家が奥州（東北地方）征討の際に戦勝祈願をした岩とする説、最後の一つは、凱旋の際に東夷の鎮めとして兜を埋めた塚とする説の三つである。いずれにしても「兜」に由来するもので、勝利のご利益があるとされ信仰されている。

現在の社殿は高速道路建設に伴って昭和四十六年（一九七一）に造営されたものである。

主祭神は商売繁盛の御神徳がある倉稲魂命（お稲荷さん）。また福の神である大国主命《おおくにぬしのみこと》（大黒様）、事代主命《ことしろぬしのみこと》（恵比寿様）の二神も合祀している。東京証券取引所のほど近くにあり、日々証券関係者の参拝が絶えない。

秩父・浦山ダムにある弁財天像
宗像三神の一柱・市杵島姫神は弁財天と習合し、海や水の神様として信仰されている。

企業の神様
No.04

出光興産株式会社
宗像神社《むなかたじんじゃ》（非公開）

創業者・出光佐三氏によって勧請された宗像神社には、航海の安全を司る宗像三神が祀られている。

資源輸送の要・海運を守護する宗像神社

石油類の精製・販売などを行う出光興産は、戦後間もなく石油メジャーと呼ばれた外国企業に対抗し、日本に石油資源をもたらした。その立志伝中の人物が、出光興産創業者の故出光佐三氏である。

出光氏は生まれ郷里である福岡県宗像市の宗像大社を幼い頃より参拝したといわれる。宗像大社には、出光氏が参拝した折に揮毫した「敬神愛人（神を敬い、人を愛する）」の額が残っており、「人間尊重」を原点とする出光興産の経営理念の根源をみることができる。

宗像大社は、田心姫神《たごりひめのかみ》、湍津姫神《たぎつひめのかみ》、市杵島姫神《いちきしまひめのかみ》の三女神を御祭神とする神社で、沖ノ島の沖津宮《おきつみや》、筑前大島の中津宮《なかつみや》、宗像市田島の辺津宮にそれぞれの神様を祀っている。沖の島は島全体が御神体とされ、現在でも女人禁制、男性も上陸前に禊を行なわなければならない。この三か所は、日本と大陸の海上交通の重要地点であり、宗像三神は古くより海上交通の守護神として信仰されている。

出光興産に勧請された宗像神社は大切に祀られている。出光興産の中堅社員研修では、白衣・白袴の服装で三～四日間にわたり宗像大社で行われる。

また各製油所・工場の宗像神社では、毎年四月と十月に大祭が行われているほか、毎月一日と十五日には、月次祭《つきなみさい》が行われている。他にも、各製油所・工場では、新成人となる社員の成人式を行っており、式の当日には、それぞれの宗像神社で参拝が行われている。

羽田航空神社 社号額は、神社ルーム入り口に掲げられている。

企業の神様

No.05

日本空港ビルデング株式会社

羽田《はねだ》航空《こうくう》神社《じんじゃ》

羽田空港第一旅客ターミナルにある羽田航空神社は、航空界の守護神として信仰されているほか、受験生の参拝も多い。

「落ちない」御神徳がある羽田空港の神様

羽田空港こと東京国際空港は、飛行機の年間発着数三十八万回以上、年間旅客数は六千万人以上を誇る日本最大の空港である。その羽田空港全域を守護するのが羽田航空神社だ。

羽田航空神社は、昭和三十八年（一九六三）に羽田空港の管理・運営を行っている日本空港ビルデングによって、財団法人日本航空協会の航空神社から御分霊をされて創建された神社である。

本社である航空神社は、昭和六年（一九三一）に創建され、殉職された航空関係者の御霊《みたま》がお祀りされてお

り、空の安全と航空界の隆昌が祈念されている。

羽田航空神社は羽田空港第一旅客ターミナル一階（到着ロビー）中央の奥まったところにあり、午前八時から午後七時まで自由に参拝できる。パイロットやキャビンアテンダントをはじめとする航空業界関係者のほか、安全で快適な空の旅を願い、搭乗前の乗客の参拝も多い。

また近年では航空関係者ではない意外な参拝者が増えている。それが「落ちない」ことを願う受験生たちだ。数年前より、受験シーズンに航空会社によって頒布される「すべらないお守り」は羽田航空神社によってお祓いを受けたもの。

中には航空機整備の際に工具がねじの切り欠きをすべらないようにする通称「すべらない砂」が入っている。飛行機が「落ちない」御神徳から、羽田航空神社に参拝する受験生が増えているのである。

企業の神様

No.06

将《しょう》門《もん》塚《づか》

史蹟将門塚保存会

大手町一丁目にある将門塚は、三井物産の東側に位置し、周辺は高層ビルに囲まれている。

強いリーダーシップを発揮した関東の英雄・平将門公の首が眠るとされる将門塚は、周辺企業から篤く信仰されている。

関東の英雄・平将門公を祀るビジネスパーソンの神様

承平天慶の乱で敗れた平将門公の首は、平安京へ送られ都大路に晒された。伝承によると、三日目に白光を放ちながら夜空に舞い上がり、関東へと戻ってきたといわれる。

その平将門公の首が葬られた場所が東京都千代田区大手町一丁目にある将門塚だ。現在は、三井物産などによる史蹟将門塚保存会によって管理されており、毎年秋に行われる将門塚例祭には、史蹟将門塚保存会の会員や周辺企業の人々が参列し祭儀が執り行われる。

将門塚を囲むビルでは、不敬となら

ないよう席位置に配慮しているといわれる。その霊威の強大さから数々の怨霊伝説が残る平将門公だが、人々は恐れるとともにビジネスの神様として篤く信仰している。

平将門公の首が関東へ飛び帰ってきた伝承から、左遷となった会社員が再び戻ってこられるご利益があるといわれ、「帰る」にひっかけて、無事帰ってこられた人がカエルの置物を奉納しているという。そのため、将門塚の周りには多くのカエルの置物が置かれている。

平将門公とカエルとを結びつける信仰は江戸時代にも見られ、歌川国芳が描いた「相馬の古内裏」の絵には、平将門公の伝説上の子孫・滝夜叉姫《たきやしゃひめ》がガマ（カエル）の妖術を使う姿が描かれている。

関東の政治改革をはかり、強いリーダーシップを発揮して民衆たちを守った平将門公は経営者をはじめ多くのビジネスパーソンから崇敬されている。

企業の神様

No.07

救心製薬株式会社

筑波神社《つくばじんじゃ》（非公開）

妙薬・ガマの油で有名な筑波山に鎮座する筑波山神社の分祀。原料安定供給と社運隆昌が祈願されている。

伝統薬「救心」と縁深い〝ガマ神社〟

救心製薬といえば、生薬だけで作られた「救心」で知られる製薬会社だ。「どうき、息切れ、気つけに」のフレーズはあまりに有名である。救心製薬には、この伝統薬「救心」に縁深い神社がお祀りされている。

筑波山神社から分祀された筑波神社は、救心製薬社内では「ガマ神社」として親しまれている神社である。根本社の筑波山神社は、茨城県の霊峰・筑波山に鎮座し、御祭神の、筑波男大神《つくばおのおおかみ》（伊邪那岐命《いざなぎのみこと》）、筑波女大神《つくばめのおおかみ》（伊邪那美《いざなみ》命《みこと》）を祀る神社である。

『筑波山縁起』によると、御祭神が国

山梨工場の筑波神社は、平成 24 年に筑波山神社から分祀され、救心製薬山梨工場敷地内に創建された。

生みに先立ち作り出された最初の島「オノゴロ山」が筑波山と伝えられる。筑波山といえば、傷薬「ガマの油」で有名だが、「救心」もガマと深く関係がある。

「救心」の成分には、ジャコウやゴオウなどとともに、シナヒキガエルの表皮線分泌物・センソが用いられている。ちなみに筑波山の「ガマの油」の成分もまた「救心」と同様、センソといわれている。

昭和四十年代、シナヒキガエルの原産国である中国で文化大革命による社会混乱が起きると、センソの輸入が不安定になった。そこで当時の堀泰助社長は筑波山神社に何度もお参りし、昭和四十四年（一九六九）に筑波神社を勧請した。

平成十年（一九九八）に新社屋が完成すると、屋上へと遷座された。現在も、原料安定確保、ガマ供養、社運隆昌が祈願され、大切にお祀りされている。

JR 恵比須駅にある恵比須像
「恵比須」の地名は、この地にヱビスビールの製造工場があったことに由来する。

企業の神様

No.08

サッポロビール株式会社

恵《え》比《び》寿《す》神《じん》社《じゃ》

ビール名にもなっている恵比寿様が祀られており、恵比寿ガーデンプレイスに鎮座している。

ヱビスビールの恵比寿様を祀る神社

日本を代表するビールメーカーであるサッポロビールは、その名の通り明治九年（一八七六）に北海道札幌市で創業された。現在は、北海道本社とともに恵比寿ガーデンプレイス内に本社がある。

「恵比寿」といえば、サッポロビールのロングセラー商品の一つヱビスビールだ。恵比寿ガーデンプレイスの地にあった工場で製造され、プレミアムビールの先駆けとして、明治二十三年（一八九〇）に発売が開始された。発売直後から人気を集め、東京を代表するブランドとなった。

明治三十三年（一九〇〇）に開かれたパリ万国博覧会では、ヱビスビールが金賞を受賞している。ちなみに渋谷区の「恵比寿」の地名は、サッポロビールが、この地でヱビスビールを製造していたことに由来する。恵比寿神社は、この工場を守護する神社として、大阪の西宮神社から分祀され、創建された。

昭和六十三年（一九八八）、恵比寿工場は機能を郊外の工場に移転し閉鎖されたが、平成六年（一九九四）、跡地に恵比寿ガーデンプレイスがオープンすると、工場内神社だった恵比寿神社も一般公開され、参拝できるようになった。

御祭神は事代主命《ことしろぬしのみこと》で、七福神の恵比寿様である。恵比寿様は、七福神の中で唯一日本古来の神様であり、福の神として知られる。サッポロビールの守護神であるとともに、商売繁盛の祈願やビール愛飲家から信仰を集めている。

和江神社《わこうじんじゃ》

株式会社ワコールホールディングス

創業時の社名を関する和江神社の御祭神は、京都に疫病が流行した際に京都の守護神として祀られた大龍神である。

竹生島神社の龍神像
龍神は、真水、塩水、陸地で各千年ずつ修行した後に神になるといわれている。

旧社名を冠する京都とワコールの守護神

女性用下着販売で知られる衣料品メーカー・ワコールは、昭和二十一年（一九四六）に前身である和江商事として設立された。現社名となったのは、昭和三十二年（一九五七）のこと。「和江の名を永遠に留める」からワコール（＝和江留）とした。

和江神社の御祭神は和江大龍神で、湖国（琵琶湖）北部に住んでいた龍神の一族といわれる。和江大龍神は琵琶湖の竹生島から坂本、松ヶ崎を経て叡山で修行したという。修行中、京都に悪霊悪病が百出したため、京都の守護神として現在のワコール京都店の地に

鎮座したと伝えられる。

昭和三十二年（一九五七）、本社建築のためもともとあった建物を壊したところ、一本の古木があり、その道の権威が鑑定したところ、日吉大社と関係ある若一神社（西大路八条に現存）の御神木と通じる木であり、非常に由緒ある御神木であることがわかった。そこで祠を作って祀り、当時の社名である和江商事の「和江」をとり、会社の守護神としたという。その後社運も上がり、ワコールは順調に業績を伸ばし、日本を代表する企業にまで成長した。

昭和四十二年（一九六七）に本社が新築されると、翌年本社隣に遷座され、社殿が建立された。境内には、世界中のワコール社員の思いが綴られた手紙や品々が入ったタイムカプセルが埋められているという。現在もワコールの守護神として社員の崇敬が篤いほか、美に関心のある女性の信仰を集めている。

明治座の北側に鎮座する明治座分社には、役者やファンの参拝が絶えない。

企業の神様

No.10

株式会社明治座

笠《かさ》間《ま》稲《いな》荷《り》神《じん》社《じゃ》（明治座分社）

日本三大稲荷の一つ・笠間稲荷神社の流れをくむ稲荷神社。出世稲荷として役者・歌手・芸人たちから篤い崇敬を集めている。

芸能の殿堂を守護する出世稲荷

明治六年（一八七三）に喜昇座として開場した明治座は、平成五年（一九九三）に劇場とオフィスの複合施設・浜町センタービルとして建設された。浜町のランドマークとして街の人々に親しまれている。

明治座敷地内にある笠間稲荷神社は、日本三大稲荷の一つである茨城県の笠間稲荷神社（通称紋三郎稲荷）から分社された東京別社から、さらに分社されたもの。東京別社は、笠間藩主の牧野貞直公により江戸屋敷に分社されたもので、現在も日本橋七福神の一つとして残っており、七福神巡りなど

で人気だ。
演劇と稲荷社との関係は深い。歌舞伎の演芸場には、神棚や祠などスペースを取らない形式で、稲荷社が祀られていることが多く、歌舞伎役者の最下級の役者は「稲荷町」あるいは「稲荷下」と呼ばれた。
駆け出しの役者は、現在のエキストラ役的な通行人や動物などの端役を担当するほか、演芸場の雑用係も兼ねており、待合室が楽屋の出入り口近くに祀られていた稲荷大明神の神棚などの側であることが多かったためといわれる。
稲荷社の御祭神の宇迦之御魂神《うかのみたまのかみ》は、商売繁盛の御神徳があるとされる。明治座の笠間稲荷神社の社号額には、「笠間出世稲荷大明神」とあり、立身出世を願う役者や歌手などからも崇敬されている。また公演前には、その成功を祈って出演者やファンが参拝するという。毎年三月三日に例祭が行われている。

企業名	企業内神社	由来
アサヒビール	旭神社	伊勢神宮と商売繁盛の神様の伏見稲荷大社、酒の神様の松尾大社の三神を祀る。
いすゞ自動車	いすゞ神社	約50年前に藤沢工場内に当時の工場長によって創建された。天照大御神を御祭神としている。
王子製紙	王子神社	主力工場の苫小牧工場の鎮守様。国土開発や山林の神様が祀られている。
オムロン	稲荷神社	本社裏手に鎮座している稲荷神社で詳しい創建年は不明。
花王	花王神社	豊川稲荷の御祭神や創業者が祀られているほか、戦死した花王職員や殉職者が合祀されている。
キッコーマン	琴平神社	香川県の金刀比羅宮から分霊された。本社がある野田町民の繁栄も祈願されている。
月桂冠	稲荷社	伏見区に本社があり、稲荷社の本社である伏見稲荷大社を守護神としている。
資生堂	成功稲荷神社	初代社長が豊川稲荷から分霊したのがはじまり。満金龍神成功稲荷の名で祀られている。
正田醤油	正田稲荷神社	創建は約500年前とされ、後に町から正田家へと譲られた。醸造場敷地内に鎮座している。
昭和産業	稲荷神社	穀物を扱う会社のため、五穀豊穣の御神徳がある伏見稲荷大社から分霊された。
新日本製鉄	高見神社	前身があった八幡村の鎮守様で、神功皇后をはじめ19柱の御祭神が合祀されている。
東京ガス	稲荷神社	根岸、袖ヶ浦、扇島の各工場に、稲荷神社が祀られている。

企業が祀る神社一覧

会社内に祀られる神社カテゴリー

日本の会社は、どのような神社をお祀りしているのだろうか。企業内神社は大きく四つに分類できる。

一、創業者、あるいは経営者のもともと信仰している神様や生家の氏神神社。例えば、パナソニック創業者の松下幸之助氏の生家の守り神だった白竜大明神などがこれにあたる。

二、事業所や工場の立地す

企業名	企業内神社	由来
東京急行電鉄	東横神社	伊勢神宮から分霊されて創建。功労者・殉職者の御霊を慰める慰霊祭が行われる。
東芝	鎮守神社ほか	各工場・事業所で鎮守神社を祀る。旧本社所在地のラゾーナ川崎には出雲神社が残っている。
東洋水産	幸稲荷神社	ヒット商品「赤いきつね」との関係ではなく、鎮守神社から分霊されたのがはじまり。
凸版印刷	明善稲荷大神	創業時に伏見稲荷大社から分霊。全国の事業所や工場にも祀られている。
トヨタ自動車	豊興神社	熱田神宮の御祭神と鉄の守護神・金山比古神と金山比売神の三柱を祀っている。
日本航空	日航香取神社	千葉県の香取神宮から分霊され、空の安全を祈願して成田空港整備地区に創建された。
日本通運	正一位金網稲荷神社	日本通運の前身の飛脚問屋の守り神として、伏見稲荷大社の分霊を祀ったのがはじまり。
間組	間組守護神社	大正期の創建ともいわれ、間組神社と間組稲荷神社を守護神社として祀っている。
日立製作所	熊野神社	日立工場拡大の際に、敷地内に入った熊野神社が祀られている。
毎日新聞社	毎日神社	世界一周に成功した毎日新聞の飛行機ニッポン号に寄せられたお守りが祀られている。
三菱グループ	土佐稲荷神社	創業者の岩崎弥太郎氏の出身地である土佐藩の蔵屋敷に鎮座していた神社。
和光堂	和光稲荷神社	もともとは本社ビル屋上にあったが、現在は本社脇の敷地内に遷座されている。

る土地の守り神である鎮守神社。地鎮祭などで祭事を行ってもらう神社を分祀するケースで、企業によっては、支社や事業所、工場ごとに鎮守神社をお祀りしている場合もある。

三、その業種に関連する神様を祀っている神社。救心製薬の筑波神社などがこれにあたる。

四、商売繁盛など、社運隆昌の御神徳がある神社。最も多いのが、商売繁盛の神様を祀る場合で、大黒様などを祀る神社や稲荷神社を分祀する。いわばビジネス全般の神様を祀るケースである。

日本の有名企業の多くでは、現在も神社や神棚をお祀りし、社運隆昌や安全祈願などの諸祭事が行われ、大切に祀られている。

特別インタビュー

企業が求める神社の役割とは？

神田神社 宮司
大鳥居信史

合理性を追求する企業経営、それと対極にある「神様」。なぜ企業は相反する神様に心を寄せるのか。商売繁盛の神様として、正月には六千社もの企業が参拝する神田神社宮司にうかがってみた。

企業内神社では、その地域をお守りしている氏神様や商売繁盛の神様である稲荷神社などが祀られています。神田明神（神田神社）の氏子地域の企業にも、会社の敷地内やビルの屋上にお社《やしろ》を設けて、神田明神の御霊《みたま》をお祀りされている会社があります。またお社まではお持ちでなくても、神棚を設けてお祀りされている企業は非常に多くあります。特に篤い崇敬の心をお持ちの場合は、毎月神職を招いて安全祈願などを行う企業もあります。

企業内神社にはさまざまな役割があります。例えばある企業では、一般の神社と同様に、毎年春と秋に神職を招いて大祭を行っています。主だった社員が集まって祭典に参列し、その後、社長の訓話を聞き、最後に直会《なおらい》（祭典後に行う飲食の儀礼）を行います。神様に日頃の感謝をお伝えし、新たにスタートを切る大切な節目の時間としているようです。

もともとある程度の敷地がある企業の場合、お社を設けて氏神様やお稲荷さんをお祀りする例が多くありました。企業内神社を創建する手順はさまざまですが一般的には、お社を建て

て、氏神神社や伏見稲荷大社などに出向き御霊を頂戴してお祀りすることになります。御霊をお祀りする「遷座《せんざ》祭《さい》」は地元の神職に依頼することが多いと思います。

では企業がなぜ神様をお祀りするのか。そこには会社の精神を象徴するものとしての役割があるのではないかと思います。目標を打ち立てたとき、あるいは目標を達成したとき、身近にある会社の神社にお参りすることによって、人は今一度自分を振り返り、気持ちを新たにする機会を得ることができます。企業内にある神社は、社員の心の拠りどころとして、精神的な安らぎを得られる場所なのではないでしょうか。

企業内神社を持つ企業はもともとありましたが、正月や創業日などに神社で社業参拝を行う企業が特に多くなったのは二十年ほど前からのことです。神社参拝は、住んでいる地域をお守りいただいている氏神神社に住民が参拝

目標への誓いを立て成功への感謝を伝える場所

するのが一般的でした。

しかしご存知のとおり、神田明神は千代田区・中央区といった日本有数のオフィス街が氏子地域にあります。特に大手町などの地域には住民がほとんどいません。そこで神田明神では二十年ほど前から、企業の氏神意識の定着を図るように促してまいりました。

企業内神社をお祀りしている企業は多くありますが、それまでは企業が正月に参拝するというような風習はほとんどありませんでした。今日では、正月に六千社もの企業の方から参拝いただくようになり、都内全体でも企業参拝が増えてきました。

もともと大手町には、当社の御祭神である平将門公の首塚があり、大手町・丸の内の企業が信仰しておりました。大手町・丸の内界隈は、江戸時代には野原でしたが、明治時代以降、一流といわれる企業の多くが本社を構え、ビルが建ち並ぶようになりました。大手町・丸の内界隈の企業は、将門塚に尻を向けて席配置をしないといわれるように篤い信仰があります。平将門公の首塚をお参りすることによって、日常の無事、社業繁栄を祈るということが行われてきたのです。

三井物産をはじめとする大手の企業では、将門塚保存会の役員として、参与法人役員会を結成し、将門塚への信

神社を通じて、社員、地域社会、企業の心が一つになるのです

仰が現在も続いております。その端的な例が、神田祭におけるお神輿です。神社のお祭りは基本的に、氏子地域住民が中心となって行われますが、住民がほとんどいない大手町・丸の内地域では、企業の皆様にご協力いただいております。

　将門塚保存会の参与法人役員会からは、平将門公のお神輿をご奉納いただき、平成二十五年（二〇一三）の神田祭では、（住民ではない）約千三百人もの会社員の方々が参加してお神輿を担がれました。

　神田祭でお神輿が出るのは隔年なのですが、大手町・丸の内では毎年担がれています。隣接していても日頃はほとんど接する機会がない企業の社員同士や地域の方々が一体となって打ち解ける絶好の機会となり、ますます盛り上がりを見せております。

　神社への信仰は今も変わりなく続いており、人と人をつなぐ場所となっているのです。

第二章 オールアバウト日本の神様

日本の神様は山や海など、
自然の中だけにいるわけではない。
仕事や趣味、はたまた食べ物にまで
私たちの日々の暮らしの中には
実に多くの神様が存在している。
人々の生活を守護する
さまざまな神様について紹介しよう。

日々、人々を守っている暮らしの神様

古代の日本人は、山や海など人が踏み入れがたい場所に大いなる力を感じとった。そして、そのような人が暮らす領域ではない場所を神域として考え、神様が住まう場所として信仰した。

一方、そのような「不可侵」の場ではなく、人間が日々暮らしを営む場所の至るところに神様がおり、日々、人々の暮らしを守ってくれていると考えた。神と人とが隔絶されているわけではなく、神様は常に身近で力を発揮しているのである。

世界の神の多くが唯一神・絶対神であり、あらゆる願いは唯一の神様に願えばよい。しかし日本には無数の神様がおり、家の中にはキッチンやリビング、門など場所ごとに異なる神が守り、安産や出世、長寿など人々の願いごとに対して「得意」とする神様がいる。

世界の他の絶対神のように、一つの対象に対して祈りを捧げる方が効率的だと考える人もいるかもしれない。しかし、日本人はその暮らしの多様性の中で、それぞれに別の神様を感じ取ったのである。

そのため、日本では、役割が専門家した、いわば「スペシャリスト」の神様が人々の暮らしのさまざまなシーンを守ってくれているのである。私たちの暮らしを日々守っている神々について紹介しよう。

第三章

オールアバウト日本の神様

家内を守護する 家の中の神様

家の至るところで暮らしを見守る神々

私たちが暮らす家には実にさまざまな神様がいる。そして、その場所を清潔に保つことで、神様が守護してくれると考えた。ここでは家の各場所を守る神様を紹介しよう。

鬼瓦
厄除けとして屋根に設ける。

まずは家がある「土地の神様」。これはすべての家で同じ神様ではなく、地域ごとに土地を守護する「鎮守様（氏神）」がいる。この地域を「氏子地域」と呼び、鎮守様は神社に祀られている。家を建築する際に土地の神様に許しを乞い、工事の安全を願う祭事・地鎮祭は、この鎮守様への祭事である。この鎮守様のお神札《ふだ》は家の守護神でもあるので、伊勢神宮のお神札神宮大麻《じんぐうたいま》とともに、神棚に祀ることとされている。

では実際に家の神様を見てみよう。まずは門。ここは「天石門別神《あまのいわとわけのかみ》」が守護している。天石門別神は天照大御神《あまてらすおおみかみ》がこもった天岩戸《あまのいわと》の神様である。古来より皇居の四方の門に祀られた門の神だ。

大黒柱のあるリビングは「大黒様」が守護する。大黒様は福の神であり、大黒柱には家運隆昌の願いが込められている。

キッチンを守護するのが「三宝荒《さんぼうこう》神《じん》」。日本仏教における尊像だが、神道では、「竈三柱神《かまどさんはしらのかみ》」として火の神・迦具土神《かぐつちのかみ》、竈の神・奥津日子神《おきつひこのかみ》と奥津《おきつ》比売命《ひめのみこと》が守護すると考えられている。

竈は、中国の陰陽思想で世界を構成する五つの要素（木、火、土、金、水）がある場所であり、特に信仰が篤い。

キッチンの他にお風呂場など水回りを守護するのが「水分神《みくまりのかみ》」。龍神として知られ、安産の神様としても信仰されている。

最も有名なのがトイレの神様だろう。トイレを守護するのが美しい女神である「弁財天」である。神道では、市杵島姫命《いちきしまひめのみこと》と習合した神様で、七福神の一人である。

なぜ弁財天がトイレの神様になったのか。人々が家を持つようになった頃、まだ家をどのように扱えばよいかわからなかった。そこで七福神が家の各場所を担当して人々に教えることになった。その担当を決める七福神会議の日。弁財天は衣装に悩み、また道々で立ち話をしたため、会議の場に着いた時には担当場所がトイレの場所しか残っていなかったというのである。以降、弁財天がトイレの神様となり、トイレを清潔に保つと弁財天の御神徳によって美しくなれると信仰されるようになった。

あらゆるところに神様がいる日本の家では、大切に扱い清潔に保つことで神様からお守りいただける。日常生活が家内安全に繋がるのである。

1 門の神　天石門別神

天岩戸の神様といわれ、瓊々杵尊に従って葦原中国へと降り立った。皇居の四方を守護した門の神様。

2 お風呂・水道の神　水分神

水分神は水の神である龍神と同一視されることも多い。神社の手水舎によく龍の置物があるのはそのためだ。

3 トイレの神　弁財天

七福神の一人で、神道では宗像三神の一柱・市杵島姫命であるとされる。市杵島姫命も美の女神として信仰がある。

図解

家の中の神様

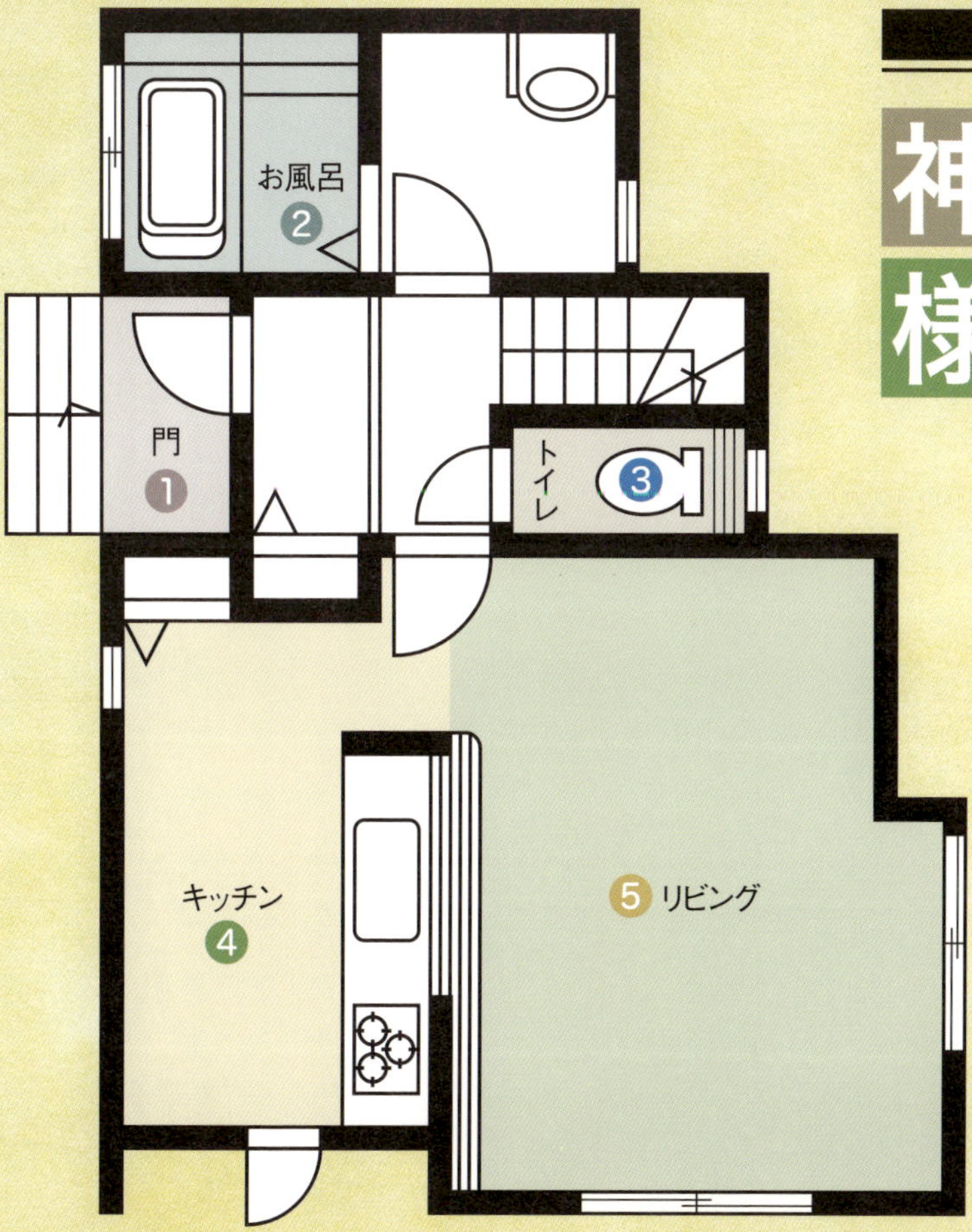

4 リビングの神

大黒様

福袋と打出の小槌を持ち、米俵に乗る姿で描かれる大黒様は、神道においては大国主命（おおくにぬしのみこと）とされ、福の神として信仰されている。

5 キッチンの神

三宝荒神

三宝荒神は日本仏教における竈の守護神で、神道では火の神・迦具土神、竈の神・奥津日子神と奥津比売命とされ、竈の三柱神と呼ばれる。

人から神へ 神様になった人間たち

東照大権現像
徳川家康は死後にブレーンだった天海僧正によって、東照大権現神として東照宮に祀られた。
徳川美術館所蔵

祖先信仰から生まれた守護神という考え方

日本人の信仰のベースにあるのは祖霊（祖先）信仰といわれる。その起源は古く、縄文時代の遺跡にも祖霊信仰の跡がある。

日本人にとってお墓参りや仏壇に手を合わせるなど祖先を大切にする信仰は当たり前のことだが、世界的には珍しく、中国文化圏と太平洋の一部の島にしかないといわれる。家に仏壇があり、毎日手を合わせ、お盆やお彼岸に供養を行うのも祖霊信仰の現れである。日本の仏教においても（宗派によって異なるが）死後に人は仏の道に進み、三十三回忌などによって弔い上げとなり、ご先祖の仲間入りをすると考えられている。

日本における祖霊信仰は、祖先の霊を敬い祀ることで、先祖が守護神となって一族を守ってくれるとする信仰なのである。

平安期には、貴族たちは自分の一族の祖先を祀った。例えば、中臣氏《なかとみし》は天児屋命《あめのこやねのみこと》、忌部氏《いんべし》は天太玉命《あめのふとだまのみこと》などである。『古事記』や『日本書紀』に描かれた神々がやがて、人間の一族となるのは、こうした祖霊信仰が元となっているのである。

日本において神様は、決して天上世界に住まう隔絶した存在ではなく、血縁を辿ればやがて神話の世界に行きつ

命を落とした維新志士や戦死者などを祀る靖国神社も、日本国民全体の守護神として考える祖霊信仰に基づいている。

明治天皇像
明治維新を成し遂げられた明治天皇と昭憲皇太后が崩御されると全国から神社創建の声が上がり、明治神宮が創建された。

吉田松陰像
幕末の維新志士の精神に多大な影響を与えた吉田松陰は、明治維新後に生誕地（山口県）と墓所（東京都）に松陰神社が創建された。

く「つながった存在」である。そのため、神話の世界だけでなく、歴史上に実在している人物も死後に神様として祀られる例が多く見られる。

例えば、農民から朝廷の最高位にまで上り詰めた豊臣秀吉は豊国大明神《とよくにだいみょうじん》として豊国神社《ほうこくじんじゃ》に、徳川家康は東照大権現として東照宮に祀られている。このようなことは近代になっても行われ、明治維新に多大な影響を与えた吉田松陰や日露戦争の英雄である東郷平八郎、乃木希典なども神様として祀られ、神社が創建されている。

現在、インターネット上などの表現で、人がまねできない優れた技能に対する最上級の表現として「カミ」という言葉が使われる。

「〇〇（人物名）はカミ」「カミ曲」「カミドラマ」といった表現は、西洋には決して見られない。ここには、神様と人間の境界が緩やかな、日本の「八百万の神」文化と祖霊信仰がベースにあるといえるのである。

第二章 オールアバウト日本の神様

世界の神様が集合 七福神

日本の神様の姿を想像する時、七福神を思い浮かべる人も多いだろう。しかし、お寺にも神社にも祀られている七福神は一体何の神様（仏様）なのだろうか？

最も知られながら意外と知らない七福神について紹介しよう。

七福神宝船図

大黒様

元々はヒンドゥー教のマハーカーラ神で仏教において大黒天となった。日本では、読み方や神性の共通点などから、大国主命と習合した。米俵の上に乗り、打出の小槌と福袋を持った姿で、財や食物をもたらす開運招福の神様として信仰されている。

インド+中国+日本 世界の神様が合体

七福神といえば、一般的に「おめでたい存在」として知られる神様である。福を司る大黒様《だいこくさま》、商売繁盛の恵比寿様《えびすさま》、勝利を導く毘沙門天《びしゃもんてん》、財を司る弁財天《べんざいてん》、人望を集める福禄寿《ふくろくじゅ》、長寿の寿老人《じゅろうじん》、繁栄をもたらす布袋様《ほていさま》の七柱の神様である。七福神全員で、財や出世、長寿、家庭円満・子孫繁栄など、一般的に人々が願うあらゆる幸福を司る。

さてこの七福神、実は日本の神様は一人しかいない。仏教に詳しい人ならば、大黒様（＝大黒天）、毘沙門天、弁財天が仏教における「天」だということがわかるだろう。仏教では役割に応じて仏が姿を変えて現れるといわれ、「天」はその一種。しかし、実はこの「天」ももともとはインドのヒンドゥー教の神様なのである。つまり、大黒天、毘沙門天、弁財天は、ヒンドゥー教→仏教→神道と経過を経て習合した神様なのである。

元から仏教の神様（仏様）であるのは布袋様で、福禄寿と寿老人は中国で生まれた道教の神様、七福神のうち元から日本の神様は恵比寿様だけである。七福神は日本に伝わったさまざまな神様（仏様）を集めた、いわば「福の神オールスターズ」ともいえる存在なのである。

人間が望むほとんどの福を招く七福神の信仰は、平安時代後期から室町時代頃にはじまったといわれ、庶民文化が隆盛した江戸時代に特に信仰が広まった。個別的な信仰はもちろんのこと、それぞれの神様を祀る神社や寺を回る「七福神巡り」が庶民の間で大流行し、谷中七福神（七寺院）をはじめ全国に広まった。その後も信仰は途絶えることなく、現在でも新たな七福神巡りのルートが生まれている。また初夢で七福神が乗った宝船を見るとご利益があるとされ、元旦に七福神の絵を枕の下に入れて寝る信仰がある。現在も七福神は、人々に最も身近で信仰されている神様なのである。

恵比寿様

唯一日本古来の神様で、大国主命の息子である事代主神や少彦名命とされる。釣り竿を持ち、鯛をかかえる姿で、古くは漁業の神、のちに商売繁盛や五穀豊穣の神として信仰され、大黒様とセットで福神とされる。

毘沙門天

元々はヒンドゥー教の財宝の神様クベーラ神で、仏教において毘沙門天となった。財宝神だったが、中国を経て日本に伝わる際には、甲冑をまとった武神の姿となった。勝負事の神様としても信仰されている。

弁財天

元々はヒンドゥー教の女神サラスヴァティー神で、仏教では弁財天となった。日本では宗像三神の一柱・市杵嶋姫命とされる。唯一の女神で、蛇神として描かれることもある。財をもたらす神様として信仰されている。

福禄寿

元々は道教における三星の化身とされる神様で、福禄寿の三文字が表すように、福（幸福）、禄（財産）、寿（長寿）のご利益があるとされる。頭部の長い老人の姿をしており寿老人と同一視する場合もある。

寿老人

道教における神様で、南極星の化身とされる。長い頭部を持つ長寿の神様であり、福禄寿と共通点が多い。杖を持ち、不老不死の霊薬が入った瓢箪や不老長寿の桃などを持った姿で描かれることもある。

布袋様

唐末期の僧侶で、福々とした体と大きな袋を持。太った体は富の象徴として信仰され、弥勒菩薩の化身ともされる。大袋に喜捨されたものを入れていたと伝えられ、一説には堪忍袋ともいわれる。

第二章

オールアバウト日本の神様

日本の怨霊 崇り神とは何か？

高貴な人物や非凡なる才能を持った人物は
死後もまた神となって人々に恩恵をもたらす。
しかし、非業の死を遂げた人物は
災厄をもたらす荒ぶる神「崇り神」となることがある。
日本史に登場し、人々が恐れた崇り神を紹介しよう。

日本人が信仰する「霊魂」とは？

神道的な観念を心の奥底に持つ私たちは、自然とは支配するものではなく、おのれと一体のものと、無意識のうちに認識している。

神と人と自然との共生ないし一体観。こうした観念が日本固有のものとして体質化しているということは、日本人が遥か昔から、神にも人にも自然（山川草木、天体、自然現象）にも、そして時には物体にまで、あらゆるものには「霊魂」が実在すると考えていたことの証だろう。

それぞれの霊魂・御霊《みたま》には、微妙に異なる性質があるにせよ、この世界とあの世のすべては、神の意志が働いて生成し、神の御霊を共有しているとの霊魂観が、神道には保有されている。

ここでは、霊魂の働きのうち、恨みを持って死んだ人間の霊魂の祟りや荒ぶり、それを神として鎮めようとする信仰（御霊信仰《ごりょうしんこう》）を、歴史上の事例から概観したいと思うが、まずは前提として、神の霊魂の働きを分類したときの様相について確認しておこう。

伊勢神宮の皇大神宮（内宮）の別宮・荒祭宮。天照大御神の荒魂が祀られており、内宮の後にお参りするとよいとされる。

霊魂には「和魂《にぎみたま》」と「荒魂《あらみたま》」の両側面がある

「一霊四魂《いちれいしこん》」という言葉がある。神（ときには人間）の霊魂は一つの霊と

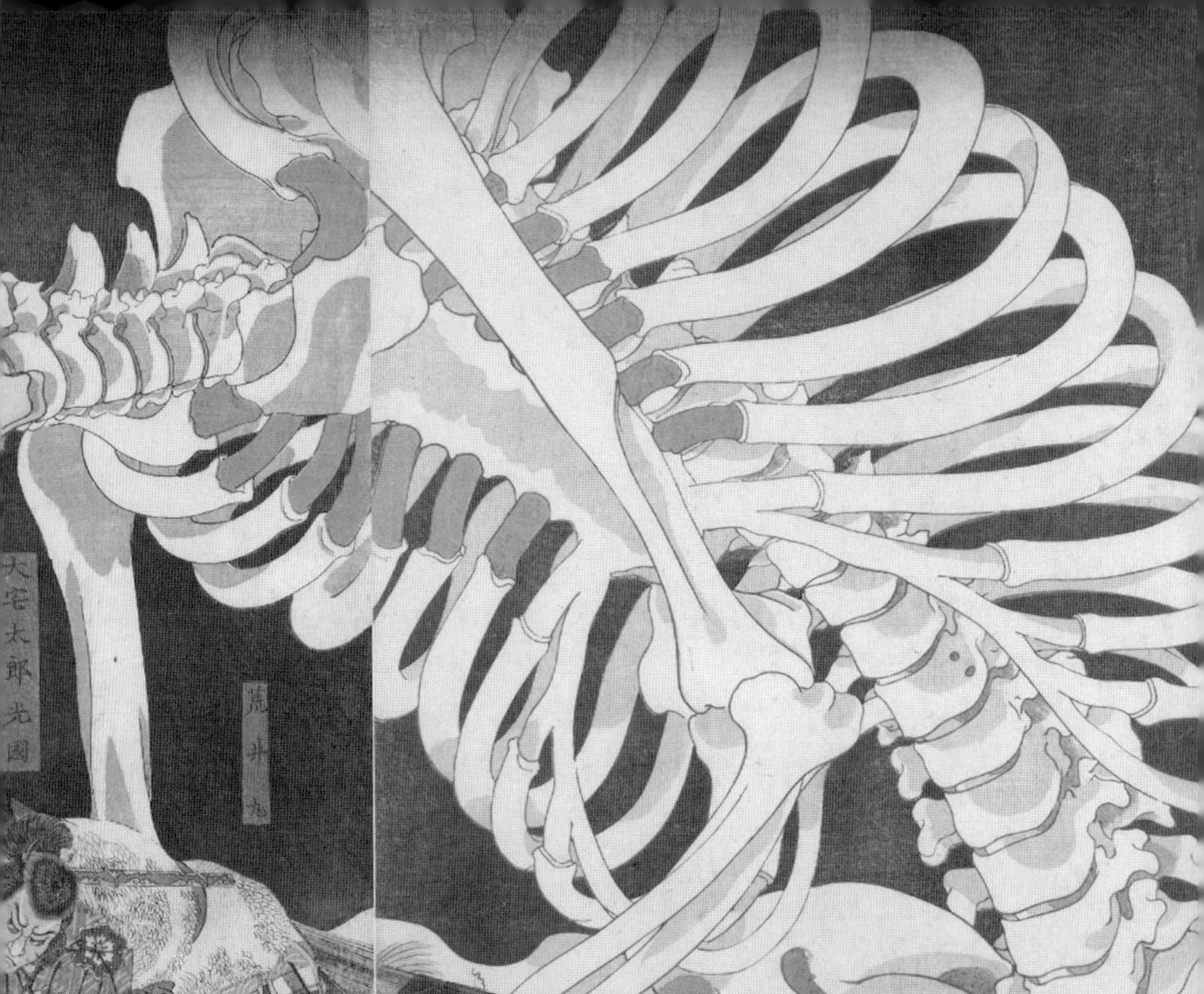

四つの魂で構成されるとの考えである。一霊とは「ナオヒ（直霊）」のこと。四魂とは「荒魂」「和魂」「幸魂《さきみたま》」「奇魂《くしみたま》」である。「一霊四魂」説では、この四魂がそれぞれの特質と機能を持ちつつ補完しあうもの、つまり並列・同列の存在とされる。しかし、多くの神道説では、「荒魂」と「和魂」の二つに大別する。そして「幸魂」「奇魂」は「和魂」の働きをさらに二つに分けたものと捉えるのが一般のようだ。

では、この「荒魂」と「和魂」とは、どのようなものか。まず「荒魂」とは、霊魂が荒ぶり、猛々しく、勇壮な働きをもって現れる側面を認識したものである。神が祟りを及ぼす、例えば天変地異が起こる、不幸が続く……なども「荒魂」の活動によるものとされる。一方、「和魂」とは、霊魂の穏やかな働きを指している。「荒魂」とは反対に、神の優しく平和な、愛情にあふれた側面である。

当然、それぞれの霊魂は、「荒魂」

相馬の古内裏　歌川国芳 画
平将門公の遺児・滝夜叉姫が妖術を操る姿が描かれている。後世になっても平将門公の霊威を人々は恐れた。

のみ、「和魂」のみの働きをしているとは限らない。たとえば「荒魂」は祭祀を受け、鎮められると「和魂」の性質へ変わる。一つの霊魂には、対をなす両側面があるとの解釈である。

もっとも、一対とは承知ながら、ある神の「荒魂」もしくは「和魂」を別々に祀る場合も多々ある。伊勢神宮には、内宮の別宮の一つとして荒祭宮《あらまつりのみや》があり、そこには御祭神・天《あま》照大御神《てらすおおみかみ》の荒魂を祀っている。一方、外宮にも別宮の一つとして多賀宮《たかのみや》があり、御祭神・豊受大御神《とようけのおおみかみ》の荒魂を祀るのである。他にも、住吉神《すみよしのかみ》の荒魂を祀る下関・住吉神社がある一方で、同じ住吉神の和魂を祀る大阪・住吉大社があるという例もある。

さて、「和魂」は「幸魂」と「奇魂」に二分される場合があると記したが、その違いはというと、「幸魂」は産物や収穫をもたらし、「奇魂」は奇跡的な機能で健康をもたらす、というほどの違いである。

なぜ祟りが起こるのか？ 祟りが生まれる構造

以上のように霊魂・御魂というのは、我々の世界に様々な「働き」をするわけだが、ここで視点を当てるのは、「荒魂」の働きの一つ「祟り」ということである。もともとの神というよりは、死後の人間の霊魂による祟りに注目していきたい。

古今東西、歴史には権力闘争が渦巻いている。そこでは戦闘が展開し、陰謀や裏切りがある。激動の日本史においても、志半ばの非業の死、戦いによる絶命、失意の憤死は数えきれない。結果、世間に祟って（あるいは祟ったとみなされて）、現在にまで語り継がれる人物も多い。

祟り神ともいうべき存在になった代表的な人物については、後に紹介するとして（菅原道真公、平将門公、崇徳天皇）、ここでは人間の死による祟りの構造を概括してみることにしよう。

神道の人間観からいえば、人にも霊魂がある。これは前述した。

そして、人は、神と同様の「働き」もするというのが、古代からの日本人の考えである。その意味は、死ねば霊魂は神霊になる可能性が多分にあり、神の働きをするということだ。

神道思想家の説を見てみても、神道の死生観を体系化した吉川惟足《よしかわこれたり》は、死後の霊魂は日之少宮《ひのわかみや》に永遠に留まって神の天地造化を助ける、という。また、本居宣長も、死後の霊魂は、一部はこの世に留まり、神霊と同じく世の人々の幸福を支援するとの主旨を述べる。

さらに、これも前述のことだが、神の霊魂（神霊）の要素には、勇猛ではあるが、世に不幸や天変地異を招く働きもする「荒魂」という性質がある。

すると、もちろん人間の霊魂も、神霊と同様、「荒魂」の働きをする時もあることになる。とくに、恨みを持って死ねば、荒ぶり、祟り、世の中に不幸をもたらす可能性は低くない。

そこで古代人は、死後の霊魂（御魂）を神として盛んに祀った。寿命を全うした者であろうと、そうである。祖先祭祀というものも、源を探れば仏事ではなく、神道行事だといわれるゆえんである。

目の前の災害や不幸が「あの人の祟りだ」と信ずれば、なおさら真剣に祀ったに違いない。「荒魂」を沈静し、祟りは鎮めてほしい。できうることなら「和魂」となって私たちを守護し、幸福をもたらしてほしいと願ったことだろう。

ここに至って、「御霊信仰《ごりょうしんこう》」というものが登場する。

マイナスの力をプラスへ転じる「御霊信仰」

「御霊《ごりょう》」とは、不特定多数の人々に災害や疫病をもたらすような霊鬼的な存在だという。もともとから神社にお祀りされている神は「御霊」とはみなさない。

失脚したり、失意のうちに死んだ人の霊ないし霊魂、諸々の疫神が「御霊」として恐れられたのである。

「御霊」を鎮めることで平穏を回復し、さらには繁栄を願うのが「御霊信仰」だ。鎮めるために行う儀礼を「御霊会《ごりょうえ》」という。

御霊会の文献上の初見は『三代実録』にある貞観五年（八六三）の記事。この年、史上に有名な神泉苑御霊会が行われた。以前からこの地で営まれていた御霊会だが、同年、疫病が猛威をふるったのは崇道天皇（早良親王）以下六人の失脚者の「御霊」のしわざだと思われたので、官制の御霊会が初めて執行されたと記される。やがて牛頭天王《ごずてんのう》を鎮める祇園御霊会も始まったが、これは祇園祭の前身である。

鎮めるとはいっても当初の御霊会は、各種芸能が披露され、集団的に熱狂し、この世に浮遊する「御霊」を外界へ送り出す形態が多かった。しかし後には、神社の御祭神として「御霊」を祀る例が増えていく。崇道天皇は結局、上下の御霊神社に祀られるのである。

神社に祀ることにより、祟りを恐れ、災いが止むことを懇願するよりも、守護神となって、繁栄と隆運をもたらしてくれるよう願うようになった。「御霊信仰」とは、マイナスをプラスへ転回させる拠り所ともいえるのだ。

北野天神縁起絵巻（弘安本）　写真／TNM Image Archives
大宰府に左遷され非業の死を遂げた菅原道真公は、死後天神様として信仰を集めている。

人々が怖れ、敬った 日本三大怨霊

日本の祟り神
三大怨霊 No.01

菅原道真公《すがわらのみちざねこう》

都中を恐れさせた天神様

関白・藤原基経が没すると、宇多天皇によって親政（天皇による政治）が復活した。天皇は寛平四年（八九二）、菅原道真を参議に起用。国政領導に力を注ぐため、ブレーンとして何かにつけ頼った。

儒家出身の道真に剛毅さはないが、やはり文事を好んだ天皇に寵愛され、政界でも位を昇り始める。しかしこの間、故・基経の長子である藤原時平も徐々に出世を続けた。

昌泰二年（八九九）、時平は左大臣、道真は右大臣となり、ついに最高位の左右に並んだ。両者、緊張関係を持ったまま昌泰四年（九〇一）、時平は動く。宇多譲位で即位していた醍醐天皇に対して道真が陰謀をたくらんでいると讒言《ざんげん》。道真を大宰権帥《だざいのごんのそち》に降位させ、九州へ左遷させることに成功した。

子息らも地方へ下向せられ、妻と女子を京に残して西府に向かう道真は、哀感をこめて詠んだ。

「東風《こち》吹かば　匂ひおこせよ　梅の花
あるじなしとて　春な忘れそ」

「君がすむ　宿の梢をゆくゆくと　かくるまでも　かへり見しはや」

そして失意のうちに二年後、道真は配所・大宰府で病没した。時に五十九歳。遺骸はそのまま同地に葬られた。その霊を祀るために創建されたのが太宰府天満宮である。

道真の逝去後、京都では不穏な事件が続出する。何よりもまず、道真排斥の首謀者と目された時平が延喜九年

太宰府の菅原道真像　月岡芳年 画
九州・太宰府に左遷された菅原道真は無念のまま没し、その後、怨霊となって天変地異を起こしたといわれる。

北野天満宮
菅原道真没後に天変地異が起きたため、朝廷は官位を回復し、菅原道真を祀る北野天満宮が創建された。

（九〇九）、三十九歳の若さで死去した。当然、人々は道真公の祟りだと噂し、その霊威が語られるようになっていった。

延喜二十三年（九二三）、皇太子の保明親王が二十一歳で世を去る。これには「菅帥の霊魂の宿忿《しゅくふん》のなすところ」（『日本紀略』）といわれ、道真公の本官（右大臣）回復と正二位追贈が行われた。これは朝廷が、道真公の怨霊としての威力を、実質的に認めたものと解釈できる。続いて、次の皇太子慶頼親王も若くして亡くなった。

延長八年（九三〇）には「宮中落雷事件」が起こる。この年、朝議の最中に、清涼殿が落雷を受けて、朝廷の要人が多数、死傷した。都人は驚愕し、目撃した醍醐天皇もショックを受けて体調を崩し、三ヶ月後に崩御した。

道真公の霊威がもたらす厄災について、人々はその後も忘れることができず、「落雷事件」から六十年以上も経った正暦四年（九九三）にも、贈正一位左大臣、引き続いて贈太政大臣の措置をとっている。

雷神の厄災神としての側面は、御霊信仰と結びつくことで強調されるようになり、落雷は怨霊の祟りだとされた。清涼殿への「落雷事件」は道真の没後、程なく発生したこともあって、道真公の怨霊に結び付けられ、雷神は天神信仰の一部としても各地で祀られるようになっていった。

この天神とは、道真公を神格化した天満大自在天神《てんまだいじざいてんじん》・天満天神の略であり、天神信仰とはまさに、菅原道真公を祀り、尊崇する信仰なのである。

太宰府天満宮に続き、天暦元年（九四七）には、京に北野天満宮が創祀された。御霊は社に祀られ鎮められることで、祟りを止める。そして守護神となった時、人々は、逆に積極的に、昌運を期待するようになる。北野天満宮は皇城鎮護の神として、朝廷からも信望されていった。

その意味で、菅原道真公はその後、生前の優れた儒者・学者としての性格のほうがより追慕されるようになった。

詩文・和歌・書道・学問全般の向上などの分野で御神徳を発揮するとされ、現在に至っても、いわゆる〝学問の神様〟として名高いのである。

天満宮に祀られた天神像
菅原道真が祀られると天満天神様として信仰を集め、現在では学問の神様として、学生や受験生から信仰を集めている。

GHQも恐れた怨霊 平将門公《たいらのまさかどこう》

桓武帝の曾孫・高望王の孫として生まれた平将門は、若い頃に京に出たものの、ほどなく故地に帰り、坂東一円で競り合う一族や各氏族の中にあって、下総国石井に拠点を置いて地歩を固めた。そして承平年間（九三一～九三八）の諸紛争で勝利をおさめ、武勇がとどろき始める。

天慶二年（九三九）、常陸国府に反抗して追捕令の出ていた藤原玄明をかくまった将門は、追捕撤回を求めて国府へ出陣した。しかし、折り合いはつかず合戦となり、国府側を打ち破った。

意気あがる将門は下野国、続いて上野国に出兵し、三国の国府を掌握した。上野国庁に入ったときには、昌伎《しょうぎ》（遊女）がやって来た。彼女は八幡大菩薩の使いだといい、憑依《ひょうい》の状態で神託を口走った。

「朕が位を蔭子、平将門に授け奉る。その位記は右大臣正二位菅原朝臣《すがわらのあそん》の霊魂表すらく、右八幡大菩薩八万の軍を起こし朕が位を授け奉らん」（『将門記』）

「右大臣正二位菅原朝臣」とは、菅原道真公のことである。こうして将門は、桓武帝の末裔としての誇りをもって「新皇《しんのう》」を称することになる。武蔵、相模などの国府も巡検し、印鎰を領掌すると、本拠・石井に帰還した。東国のこの事態には朝廷も「京官大驚し、宮中騒動す」（『将門記』）となった。

しかし、ここまでであった。下野国押領使の藤原秀郷や平貞盛ら、京都側に立つ武士軍勢によって討ち殺されてしまった。

当時、地方に下ってきた受領の多くは、官人として本来果たすべき任務を怠り、荒稼ぎと蓄財に狂走していた。農民の再生産への配慮など眼中になかった。

ようやくこの頃になって、思い余った土豪や農民らが、受領の派遣する収納使に、実力をもって反抗を見せ始めるようになっていた。

そこに、平将門が登場したのである。反旗を掲げて国府側を落としていく彼を、人々は喝采して見つめた。「新皇」を名乗れるほどの将門人気の根源には、武士や土豪、そして有力農民らの支持があったのだ。

しかし、「新皇」としての構想は始まったばかりでついえた。将門の首は京で晒され、その目を見開いた怒りの

平将門像　月岡芳年 画
平将門公は、承平天慶の乱を起こして東国の独立を目指し、「新皇」を名乗ったが即位の二ヶ月後に藤原秀郷、平貞盛らにより討伐された。
写真／ TNM Image Archives

神田明神
平将門の首が現在の千代田区に埋葬されると天変地異が起こったため、延慶２年（1309）に神田明神に祀られた。

表情は生きているごとくだったという。

ある日、首は宙を飛び、関東に戻っていった。人々は首の落ちた芝崎村に首塚を建てて葬った。これは、千代田区大手町、皇居の側にある将門の「首塚」のことである。

憤死した将門は怨霊になったと考えられたが、怨霊話や「首塚」にまつわる話は関東に多い。朝廷から見れば将門は反逆者であり、しかも祟りを肌身で感じるには、東国は離れ過ぎていたともいえる。

「首塚」はその後、様々な祟りを起こしたというが、古い怪異の詳細はあまり伝わらない。ただ明治以降、「首塚」が大蔵省の敷地になっていた頃、関東大震災（大正十二年）で破損したのに修復せずにいたところ、職員に死亡者や怪我人が続出した。昭和十五年（一九四〇）には落雷で省内の建物が炎上した。いずれも直ちに鎮魂祭が施されたという。

第二次大戦後、GHQが「首塚」を撤去しようとしたところ、ブルドーザーが転倒して犠牲者が出たという話もある。

将門公ゆかりの神社に、東京・外神田の神田神社（神田明神）がある。

そもそも「首塚」は、移転前の同社の側に建てられたのであって、伝説からすると、首は神田明神に飛んできたことになる。

鎌倉後期に相殿に祀って以降、江戸初期に現在地に移転後も御祭神の一柱だったが、明治七年（一八七四）に外されてしまった。しかし昭和五十九年（一九八四）、氏子らの熱誠で御祭神に復活した。現代でも、平将門公への世人の心配りと愛着は、なかなか根強いようだ。

平将門　三宅蘭崖 画　写真提供／神田神社
平将門公の像が北斗七星の位置に並ぶ。平将門公は北斗七星信仰と結びついたともいわれている。

崇徳天皇《すとくてんのう》

大魔王となることを宣言した天皇

　中世の始まりは、鎌倉幕府の成立からというよりは、武士の台頭した平安後期からだといわれる。国家運営の中心舞台は、つねに朝廷にあったのが、平氏政権によって権力は武家に移っていったからだ。

　この政権転回をもたらしたのは、「じつは崇徳天皇（上皇）の怨霊によるものではないか」という暗澹《あんたん》たる気持ちが、長く貴族・公家の心の中には滞留し続けたようである。

　武家が政権を奪おうと、天皇の権威は永遠に不可欠なものとして保持される。しかし貴族の心には、国政の中核を掌握できないという鬱屈《うっくつ》した気持ちが、無意識にでも沈殿していたようなのだ。

　貴族政治・政権の没落のきっかけになったのは、保元元年（一一五六）に発生した「保元の乱」である。そして、崇徳上皇の怨念を招く遠因となったのもまた「保元の乱」ということになる。

　乱は、崇徳上皇と後白河天皇の兄弟の不仲に加え、内紛で対立した摂関家も二分し、上皇方と天皇方に分かれて争われた。上皇方と天皇方はそれぞれ自派の源平武士を糾合したため、武力による衝突に発展した。

　そして結局、平清盛や源義朝らを味方につけた天皇方の武力が優り、後白河天皇の勝利に帰した。しかし、この乱によって武士らは自信を持った。武力が中央政局の動向に対して「大いにものをいう」ということを彼らは知った。

　慈円が『愚管抄』で言うように、乱は「武者の世」の始めとなり、のちに法皇となった後白河は治承三年（一一七九）、清盛によって幽閉され、平氏政権が誕生するのである。

　乱後、崇徳上皇は讃岐国に配流された。配所の崇徳上皇には、すでに中央復帰への欲はなく、淡々と写経にいそしみながら極楽往生を願う日々だった。三年かけて「五部大乗経」を書き上げた上皇は、それを「石清水八幡宮へ奉納したい」と朝廷に申し出た。しかし、後白河天皇の側近として力をふるう信西（藤原通憲）は、流刑者の写経を都に入れるのは不吉だとして反対。さらに天皇も同意を示したため、崇徳上皇の願いは叶えられなかったのである。

　朝廷が拒否したと聞いた崇徳上皇は

崇徳院　歌川国芳 画
讃岐に流された崇徳院は仏教教典の写本作りに専念したが、朝廷は写本を拒否した。崇徳院は日本の大魔王となることを写本に血書した。
写真／アフロ

崇徳天皇像
第75代崇徳天皇は、上皇となっても実権を得ることができず、保元の乱によって讃岐国（香川県）に流された。
徳川美術館所蔵　© 徳川美術館イメージアーカイブ／DNPartcom

激高し、「日本国の大魔縁（魔王）となり、皇を取って民とし、民を皇とす」と誓ったという。そして「大乗経」に誓文を血書し、海に沈めたと伝えられる（「五部大乗経」については『吉記《きっき》』）。

長寛二年（一一六四）、上皇は崩じて讃岐の白峰寺に埋葬された。遺体を焼く煙が京を目指して流れていったという伝説もある。

上皇の祟りが現れたのは、崩御から十三年経った安元三年（一一七七）のこと。高倉天皇の中宮・平徳子の安産祈願に怨霊が現れたと伝わる。徳子の父・清盛は恐れをなして、皇室を通じて崇徳上皇に「崇徳院」の院号を贈った。

ほどなく源平の争乱が始まり、そして激化していく。後白河法皇や貴族らは、この争乱も崇徳上皇の怨霊が引き起こしたものと考えた。平氏征討のため入京した源（木曽）義仲は結局、法皇とソリが合わず、院の御所を焼き討

白峯神宮
怨霊となった崇徳院の御霊を慰めるため創建され、昭和 15 年には社格最高位の官幣大社に列せられた。

ちするという挙に出た。こうした悪事も、その怨霊のなせる業だと貴族らは思った。

崇徳上皇を鎮め祀るため、朝廷によって御所跡に祠が建てられ、白峰の御陵も懇《ねんご》ろに供養された。

しかし以後、公家の間では、「武家政権の成立と継続こそ、崇徳上皇の怨霊がもたらしたもの」「最強の怨霊は崇徳上皇の怨霊だ」というような観念が尾を引いた。

その観念が江戸幕末、孝明天皇による白峯神宮（京都市）の創建の意志につながったともされる。御意は明治天皇に引き継がれ、明治元年（一八六八）に竣功した。白峰神宮は、当時の社格制度において最高位である官幣大社に列せれ、崇徳天皇の名誉は年を経るごとに回復したのである。

「最強の怨霊」とされた崇徳天皇も、ここに至って人々を守護する神となり、霊験を示す威徳によって崇敬を集めることになった。

第二章 オールアバウト日本の神様

災いも福ももたらす 日本の鬼

日本に伝わる鬼の起源とは？

いきなりで恐縮だが、「あの人は、鬼のような人間だ！」と、私たちはよくいう。節分の豆まきでは「鬼は外！」であり、『桃太郎』では「鬼」は絶対、退治されなければならない。「鬼」は疎まれつつも、私たちの社会に頻繁に登場し、なかなかポピュラーな存在だ。

餓鬼草紙
生前の行いが悪く餓鬼となった霊は、人間に取り憑いて飢餓をもたらすと信じられた。
写真／TNM Image Archives

しかし、「鬼のような」といいながら、実際に本当の「鬼」と出遭ったことがあるかというと、「見た、見た」「遭遇した」という人は皆無に近い。

それもそのはず、「鬼」というのは、学者らの定義に沿うと、「恐ろしいもの」ながら「正体のよくわからないもの」なのだそうだ。しかも「人にそれほど害を及ぼすものではない」らしい。語源としては「鬼《おに》」は「隠《おん》」からきていると、『倭名類聚抄』（平安時代の百科事典）は教えているので、「正体が見えない」のも当然である。

以上をもってしても、日本人の「鬼」観はだいぶ理解できる気がする。

今でも日本各地に「鬼」を主体とした行事や「鬼伝説」が伝わるが、二つ紹介する。

【秋田の「なまはげ」】

男鹿半島の真山という山に住む「鬼」。「なまはげ」ゆかりの真山神社もある。大晦日の夜、集落に降りてきて、「いうごど聞がね子、いねがっ！」

百鬼夜行図（模本）
陰陽道では、「妖鬼」「妖怪」を含めたさまざまな鬼の姿が考えられ、夜な夜な街を闊歩したといわれる。
写真／TNM Image Archives

と家中を探し回り、子供や嫁を叱りつけ、もてなしを受ける。現在この地域の若衆が鬼面・鬼姿で奉仕する行事は国指定重要無形民俗文化財。

【奥三河の花祭の「鬼」】

愛知県北設楽郡などに伝わる「霜月神楽」行事。夜通し舞うなかの一部に、巨大な鬼面の「鬼」が登場する。修験道、修正会など様々な宗教要素がみとめられるが、「鬼」は舞の中で、陰陽道が伝える魔除けの作法を修する。国指定重要無形民俗文化財。

絵画やその他が表現する「鬼」は、角を生やし、虎の褌《ふんどし》をはき、金棒を持っていて、その形相は確かに「恐ろしい」。恐ろしいが「害をおよぼさない」と知ってか、ちょっとユーモラスで、心底は憎めないものと思っているのではなかろうか。

古代には「鬼」は「モノ」と読むことが多く、神に近い概念で捉えられていたという。実際、「鬼神」というのもいる。

「モノ」は霊魂であり、荒魂《あらみたま》・和魂《にぎみたま》の両面があるから、「鬼神」「鬼」も悪さはする。しかし祟りや災厄をもたらす怨霊や御霊のような、おぞましさは薄い気がするのだが、どうだろう。

　ところで、「鬼」の概念にはインドの仏教的な要素も多分に入っている。「夜叉《やしゃ》」「鬼子母神《きしもじん》」、あるいは六道輪廻という場合の「餓鬼《がき》」道、さらに「地獄」道の閻魔様に仕える獄卒……。これらも「鬼」の側面ではある。

　仏教的要素は中国において鬼と融合したと言われているが、中国のほうでは本来、「魂が離脱してさ迷う姿」「死者の亡霊」を「鬼」の字で表現したというから、こちらはちょっと背筋を寒くさせるところがありそうだ。

安倍晴明が使役した「鬼」

「鬼神」「鬼」は陰陽道とも切り離せない。陰陽道は、中国の陰陽五行説を基にして、平安時代の日本で成立した。

　陰陽道では、十二支の丑《うし》と寅《とら》の間に相当する方角「丑寅＝艮＝うしとら」、つまり東北を「鬼門」といい、「鬼」はその方向からこの世にやってくるとする。

　だから「鬼」は、丑（牛）のごとく角を、寅（虎）のごとく牙を生やしているわけだ。虎の皮のパンツを穿いた鬼もいる。

　ちなみに仏教絵画に見られる、二本の角、虎皮の褌といういでたちの、「鬼」のような地獄の獄卒を流行らせたのは、日本の浄土思想だという人もいる。平安朝の皇族や貴族らは「地獄に落ちずに、極楽に往生したい」と、それはもう真剣に「南無阿弥陀仏」と念じた。だから浄土教の人々が、戒めとなるよう、こうした「恐ろしい鬼」のような獄卒を考え、広めたのだという。

　陰陽道といえば陰陽師・安倍晴明（平安初期、九二一～一〇〇五）。超人的な能力を発揮する陰陽家の彼は、占いや呪詛に使役する式神《しきがみ》を自在に操ったと伝説はいう。

　この式神は「鬼神」であって、「式鬼神」と表記することもある。晴明は「鬼」を操って外道を調伏し、奇跡を起こしていくスーパー・スターとして今でも大人気だ。

「百鬼夜行《ひゃっきやこう》」という現象を説くのも陰陽道である。夜の町中をたくさんの「妖鬼」「妖怪」が列をなして行進していくといい、平安時代の貴族にたいへん恐れられた。現在でも『百鬼夜行図』という絵画や絵巻物が多く残っている。

　このように「鬼」という観念は陰陽道と関係が深く、したがって陰陽道がとくに盛んだった平安時代を中心に、「鬼伝説」は多く語られたようだ。

　室町から江戸時代になると、人間社会に関わろうとする妖怪というと、天狗がメインにのし上がってくるのである。

第三章 オールアバウト日本の神様

神様なんでもQ&A

Q 01 日本の神様は何柱？

日本の神様は、八百万の神といわれるように無数にいます。山、海、滝、岩などのほかに草木にも神様がいるとされ、およそ日本で生まれたあらゆるものに神様がいるといっても過言ではありません。例えば、全国で最も多い稲荷社に祀られている宇迦之御魂神《うかのみたまのかみ》は、米粒に宿った御霊《みたま》（稲魂《いなだま》）の神様として知られています。

神社に祀られる神様以外にもトイレの神様やキッチンの神様などの民間信仰での神様も多くいます。自然界のもののみならず人間も死後に神様として祀られることも多くあります。明治天皇や徳川家康公、乃木希典公など、生前から人々から尊敬された人物が死後に神様として祀られたり、靖国神社のように人々のために命を落とした人間を祀るといった例があります。また優秀な人物が非業の死を迎えると祟りを怖れ、御霊を慰めることで守護神とする「御霊《ごりょう》信仰《しんこう》」などもあります。そのため、今後さらに神様増えていくことでしょう。

Q 02 全国に神社はどのくらいあるの？

全国の神社を包括する団体・神社本庁の所属神社は約八万社、所属していない神社や民間の祠などを合わせると、十万社以上ともいわれています。コンビニの数が約五万店ですから、コンビニ以上に全国津々浦々に神社があることになります。明治期には、地域社会の中心として一町村に一神社とするように政策が出されました。これは新たに神社を建立するのではなく、数多くあった神社を一つの神社に合祀（神様を集め、一緒に祀ること）することが中心でした。当時は約二十万の神社があったとされ、そのうち七万社が合祀され、廃祀されたといわれます。合祀の反対のものとして、神社から神様の御霊《みたま》を分けていただき、新たに神社を創建する「分祀」があります。神様の御霊はロウソクの火を他のロウソクに移すのと同じように考えられ、神徳は変わらないとされます。現在も企業や一族の守護神として神社（祠）が新たに建立され、その数はますます増えています。

Q 03 神社にランクはあるの？

伊勢神宮を全国の神社の本宗とされ、その他の神社に特にランクはないとされています。戦前には「近代社格制度」と呼ばれる社格があり、さらには平安時代にも社格制度がありました。延長五年（九二七）につくられた『延喜式神名帳』には、行政機関から幣帛《へいはく》（捧げ物）を受ける神社二八六一社（御祭神は三一三二柱）が記載されています。これらの神社は式内社と呼ばれています。

式内社には、中央政府から幣帛《へいはく》を受ける官幣社と地方行政機関から幣帛を受ける国弊社があり、さらに規模に合わせて大と小に分類されました。官幣大社一九八社、国幣大社一五五社、官幣小社三七五社、国幣小社二一三三社が記載されています。明治期にも社格制度が整えられ、官幣大・中・小社、国幣大・中・小社に分類されました。また国家に功績を挙げた人物を祀る神社を別格官幣社としました。また府社、県社、郷社、村社などの社格も整えられました。

Q 04 なぜ山や石が神様になるの？

古代の日本人は、人智の及ばないものごとや存在に対して畏れ敬い、そこに霊威を感じ取りました。例えば、巨木、巨石など通常では見られない珍しいものに対して大いなる力を感じ取り、神として祀るようになったのです。また自然は人々に恩恵をもたらすとともに、時に人々に災厄をもたらすこともあります。日本人は、山、川、海などといった自然界に存在するものや、雨、風、雷などの自然現象を、「自分たちの生命を左右する存在」＝「神」として敬ったのです。そのため、日本の神様は単に慈悲を持った救済神ではなく、神様は恩恵をもたらす和魂《にぎみたま》と天変地異を起こす荒魂《あらみたま》の二つの側面を持っています。日本文化の研究家で知られる作家ラフカディオ・ハーン（小泉八雲）は、あらゆるものに霊性を感じ取る日本人の感覚を「神道の感覚」と呼びました。この八百万の神の考え方は、世界的に見ても珍しいもので、日本ならではの信仰のカタチといえます。

Q 05 神様と仏様はどう違うの？

日本において一般的に神様は神道、仏様は仏教の崇敬対象です。もともと日本には、日本最古の文書『古事記』などに描かれた神道における神が信仰されていました。その後、平安時代に大陸から伝来した仏教が全国的に広まっていきます。そして、日本において神道における神と仏教における仏を同じものとする「神仏習合」が進みました。仏様はもともと一人でしたが、日本の仏教では如来や菩薩などその役割に応じて仏がさまざまな姿となって現れると考えられました。そして神道の神も仏が日本の神の姿として現れたと考えられました。「○○権現」と呼ばれる神様がいますが、「権」は「仮」の意味で、仏が仮の姿をして現れた神様を「権現」と呼ぶようになりました。神社と寺は同じ敷地に建てられるようになり、神職や住職が両方を管理することも多くありました。現在のように、神社と寺が分かれたのは明治時代となり、神仏分離令が出されたあとのことです。

Q 06 日本の神様は死ぬの？

『古事記』や『日本書紀』には、神々が死ぬ場面が数多く描かれています。日本の国土を生み、天照大御神《あまてらすおおみかみ》などの三貴子の親神である伊邪那岐命《いざなぎのみこと》と伊邪那美命《いざなみのみこと》のエピソードには、火の神を出産する際に伊邪那美命が命を落とし、死後の世界である黄泉国《よみのくに》に移り住む場面があります。伊邪那岐命は妻を忘れられず黄泉国へと訪れます。生と死はつねに繫がっており、また肉体的に死んだとしても御霊《みたま》は不滅であるとの考えが根底にあります。このことは人間にも当てはまり、人が死んだ後には、その御霊は守護神となって永遠に一族を守ると考えられています。これは、未来の死後のことよりも現在をもっとも重要視する「中今《なかいま》」の考え方によります。「中今」は、過去と未来の間にある「現在」のことで、人は「中今」にしか存在できないため今を一生懸命に生きようとするとの考え方です。神話の世界における神の死は、それほど重要ではなく、当たり前の出来事として描かれています。

Q07 外国では日本の神様は通用しない？

日本の神様は日本風土に根ざした存在であることが多いため、外国人にはわかりづらい場合が多くあります。また世界の多くの神が唯一神、絶対神であることから、日本の八百万の神の概念は理解されにくい傾向があります。しかし、古代ギリシャにおける神々の姿は、日本の八百万の神との共通点が多いとされ、ヨーロッパにおいては比較的理解されやすい考えです。また日本における八百万の神の世界観が描かれた『千と千尋の神隠し』（宮崎駿監督）がアカデミー長編アニメ賞やベルリン国際映画祭金熊賞を受賞するなど、海外においても日本の信仰のカタチについて認知されるようになってきました。柔道や剣道、合気道などの武道は神道との関係性が深いことから、世界的に普及されるにつれて日本の神様についても知られるようになってきているほか、昨今の「クールジャパン」ブームによっても日本人の特性の原点として神道の考え方が知られるようになってきました。

Q08 外国人の神様はいるの？

日本の神様には国外出身者である「外国人」の神様もいます。高麗神社はその名の通り朝鮮半島に栄えた高句麗の王族を祀っています。御祭神・高麗王若光《こまおうじゃっこう》は、唐・新羅によって高句麗が滅ぼされると、一七九九名の高句麗人とともに日本に亡命しました。帰化人となった若光一行は、朝廷から与えられた地の開拓を行い、その功績から朝廷から王姓が下賜されました。宮司は若光の末裔とされており、五十代以上続いています。朝鮮半島出身の御祭神としては、加藤清正公を祀る熊本の加藤神社にも韓人金官公が祀られています。大阪の呉服神社には、綾織姫《あやおりひめ》・呉服媛《くれはとりひめ》が呉綾織大神として仁徳天皇と共に祀られており、呉服媛は中国の呉の国から来日した織職人です。応神天皇の御代に呉の国に派遣された猪名津彦命《いのなつひこのみこと》が、呉王に依頼して連れ帰った四姉妹の一人で、服飾の神様として信仰されています。その他、日本に技術を伝えた外国出身の神様が日本各地に祀られています。

Q 09 西洋と日本の神様の違いは？

西洋の神と日本の神は明確に違います。ユダヤ教、キリスト教、イスラム教などの神は、万物の創造主であり、一人しかいない絶対神です。日本の神様は天照大御神《あまてらすおおみかみ》を頂点としますが、無数の神々が存在しています。そのため、最近では、神様を英語訳する際にも、西洋の神を「GOD」、日本の神を「KAMI」として区別する場合も多くなってきました。日本の神様は、万物の創造主ではなく、もともとそこにいたものとして描かれることが多くあります。さらには「知恵」や「まじない」といった抽象的な概念の神様や優秀な能力や尊敬された人物が神様となるなど、西洋のGODとは全く異なる存在です。また日本においては疫病神や祟り神など、災いをもたらす存在に対しても、恩恵をもたらす神々と同じように、神様として大切にお祀りする文化があります。日本人は無宗教といわれますが、こうした大らかな信仰のカタチであるため無宗教と見られている側面があるのです。

Q 10 神社はいつからあるの？

神社の起源ははっきりとはわかっておらず、『古事記』が編纂される以前、日本に統治機構が成立した当初から存在していると考えられます。かつては、巨石や滝、山などを信仰の対象として祀り、祭ごとに祭壇を設けてお供え物をしていました。その後、この祭壇が常設の建物へと発展し、現在の社殿のある神社の姿へと変わっていきました。このような社殿造営には寺院の影響も指摘されています。神社の社殿は、神様が鎮座する「本殿」と人々が拝礼する「拝殿」の二つがあります。現在でも山や滝、島などを御神体として祀り、本殿がなく拝殿のみの神社や、本殿も拝殿もない神社もあり、神社が発展していく中での途中経過を見ることができます。神社は古代の祭祀の名残を示すものが多く、都心の神社であっても「鎮守の森」と呼ばれる森林を持ち、また鳥居の原型は二本の木を縄で結んだものともいわれ、神社がもともとは自然の中にあったものであることがわかります。

Q 11 なぜ人間が神様になるの？

「死ねば仏」という言葉がありますが、神道においても人は死ぬとその一族の守護神となるという考え方があります。もともと日本の神様の多くは、祖先であることが多く、一族はその祖先を「氏神」として祀ってきました。この「祖霊信仰」と呼ばれる信仰は、現在にも残っており、お盆などにお墓参りを行い盆踊りをするのも、祖霊を慰めて一族をお守りいただくためです。また生前から人々から崇敬された人物は、死後「明神」として祀られることがあります。「明神」とは実際に人々の前に現れた神のことで、人々にさまざまな恩恵をもたらした人物は、死後も恩恵をいただけるように祀られたのです。さらに優秀な人物の中には謀略で失脚し非業の死を遂げたり、暗殺されたりすると、死後、祟り神となって、天変地異や災厄を起こすと信じられてきました。

このような人物もその祟りの霊力を恩恵をもたらす力へと転じるように神様としてお祀りされるようになりました。

Q 12 動物の神様はいるの？

日本では神様が動物の姿に変わって人々の前に現れたことが多く伝えられています。あるいは動物が神様の意思を伝える使い「神使」である場合も多くあります。山の神様ならば猿や狼、海や水関係の神様ならば蛇など、神様の性質と神使の動物は深く関係するも場合が多いようです。熊野三神の八咫烏《やたがらす》、建御雷神《たけみかづちのかみ》の鹿、八幡神の鳩、大山咋神《おおやまくいのかみ》の猿などが神使とされています。特に有名なのが稲荷社の狐ですが、その他、兎、鶴、鶏、蜂、鰻、鼠、亀、鯉などさまざまな動物が神使となっています。狛犬の代わりに神使の動物の像が置かれたり、周辺に神使の動物が飼われている場合もあります。天満宮では牛が神使とされますが、これは御祭神の菅原道真公が亡くなられた際、亡骸を乗せた牛車が動かなくなったため、牛が神使とされました。神社に置かれている神牛像をなでると御神徳を授かるといったことが信じられており、御祭神と神使が同一視して信仰されています。

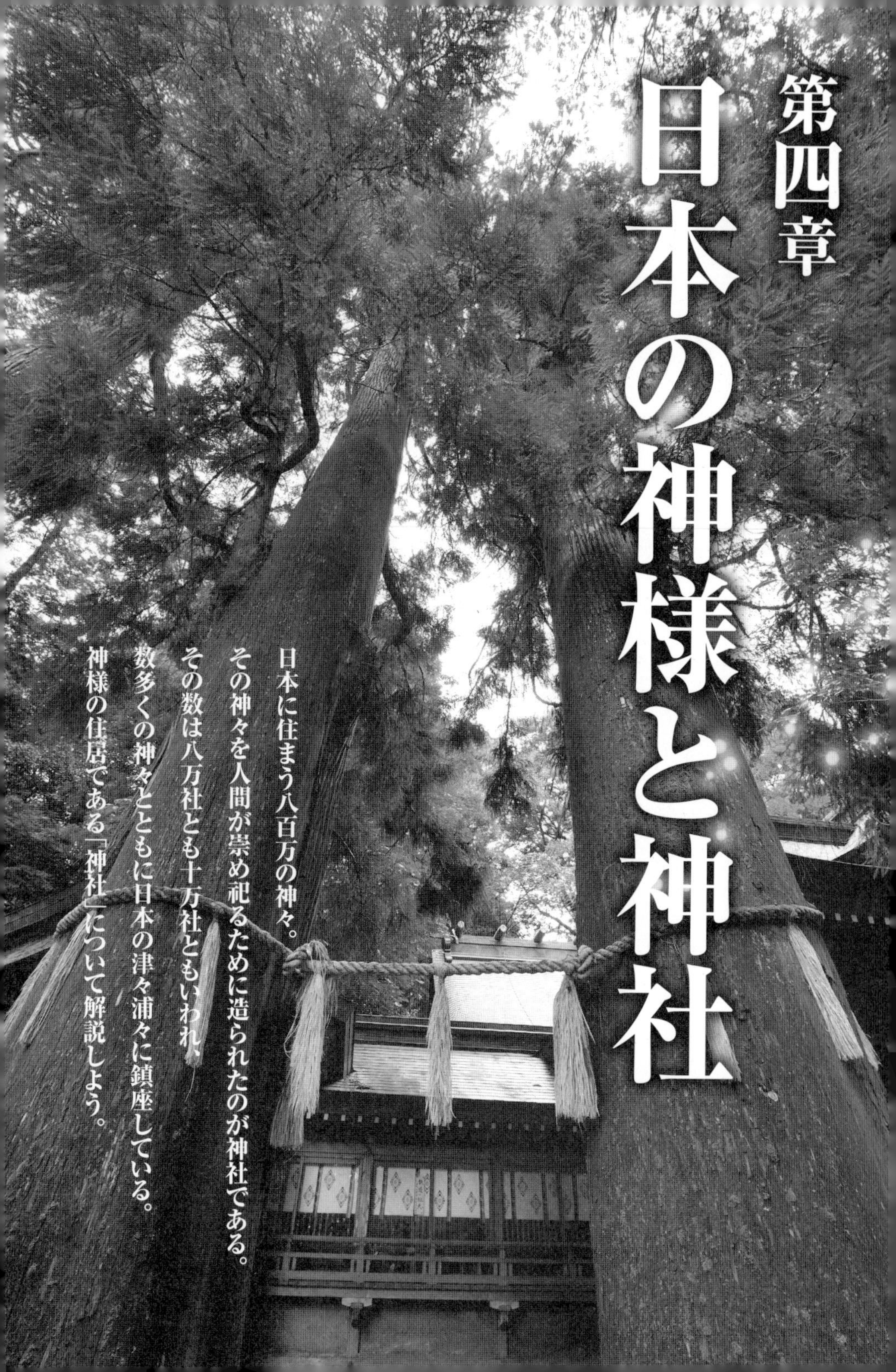

第四章 日本の神様と神社

日本に住まう八百万の神々。
その神々を人間が崇め祀るために造られたのが神社である。
その数は八万社とも十万社ともいわれ、
数多くの神々とともに日本の津々浦々に鎮座している。
神様の住居である「神社」について解説しよう。

第四章 日本の神様と神社

一生に一度は行きたい 神社30選

皇大神宮（内宮）

豊受大神宮（外宮）

皇祖神を祀る至高至貴の神社

01

伊勢神宮

御祭神
天照坐皇大御神（内宮）
豊受大御神（外宮）

本来は「神宮」と呼ぶのが正式。全国の神社を包括する神社本庁から「本宗」と仰がれ、まさに日本における神社の中心的存在である。

皇大神宮（内宮）と豊受大神宮（外宮）を中心に、付属する十四の別宮（内宮十、外宮四）、四十三の摂社（内宮二十七、外宮十六）、ほか末社、所管社などを含めて「神宮」と総称する。

天孫降臨に際し、神勅とともに授けられた御神鏡は皇居において奉祀されていたが、第十代・崇神天皇は「畏れ多いこと」だとして大和の笠縫邑《かさねいむら》に遷し、皇女・豊鍬入姫命《とよすきいりびめのみこと》に祀らせた。次代・垂仁天皇の世になって皇女・倭姫命《やまとひめのみこと》は御神鏡を奉持しつつ、さらに良き地を求めて巡幸。ついに神託を感じて、伊勢の五十鈴川《いすずがわ》の川上に鎮まらしめた。これが内宮の始めである。この御神鏡こそが、皇祖神たる皇大御神《すめおおみかみ》、つまり天照大御神《あまてらすおおみかみ》の御神体ともいうべき神器「八咫鏡《やたのかがみ》」である。

一方の外宮は、もと丹波に鎮座していたが、第二十一代・雄略天皇のときに、皇大御神のための御饌都神《みけつかみ》（御食物を司る神）として豊受大御神《とようけのおおみかみ》を伊勢に遷し奉ったのが創祀である。

二十年に一度、神殿を建て替え、神宝類もすべて新調する「式年遷宮」は、第四十一代・持統天皇の世に始まり、現在まで連綿と古式を伝える。第六十二回「式年遷宮」は足かけ九年を経て平成二十五年（二〇一三）の秋、遷御を迎えた。

その格式の高さから一般人の神宮参拝は長らく避けられていたが、中世以降は庶民の参宮も盛んになり、現在も、多くの老若男女が全国から〝民族の精神的な支柱〟〝心のふるさと〟を希求して「お伊勢さん」に集っている。

八雲たつ神話のふるさと

02

出雲大社

御祭神　大国主大神

古代の『延喜式神名帳』には杵築《きづき》大社《たいしゃ》とあり、現社名に改められたのは明治四年（一八七一）。大国主命《おおくにぬしのみこと》は葦原中国《あしはらのなかつくに》を開拓し、国土経営を行った英雄神。しかし天孫降臨に際して、高天原《たかまがはら》からの使者の求めに応じ、国土を天孫に譲った。この「国譲り」の功績に感じ入った天照大御神《あまてらすおおみかみ》は、大国主命を祀る神殿建設を命じ、また御子神の天穂日命《あめのほひのみこと》を祭りの責任者とした。

奈良・平安初期には、新任の出雲国造は任命されるや潔斎《けっさい》に入り、一年後には都に赴き、御世を寿ぐ「出雲国造神賀詞《かんよごと》」を奏上した。これは、「国譲り神話」から推して、出雲系の大和系に対する服属を表すものとの説もあるが、それだけ出雲の文化勢力も大きかった。だから朝廷側も、杵築大社の祭祀を重視していたのである。

本殿は大社造と呼ばれる最古の神社建築様式の一つ。現在でも八丈（一丈は約三メートル）の高さを誇るが、平安時代には倍の十六丈、さらに古くは三十二丈もあったと伝えられる。これは信憑性の薄い説だとされていたが、平成十二年（二〇〇〇）、境内から直径一・三メートルの柱を三本組に束ねて一本にした本殿の「宇豆柱《うずばしら》」の柱根が発掘され、途方もない説ではないことが立証された。

大国主命は、素戔嗚尊《すさのおのみこと》から様々な試練を受けたり、「因幡の白兎（稲葉素兎）」でも知られるように、不屈の精神を持つと同時に心優しい神で、その神徳に心を寄せる人も多い。また現代では縁結びの神様として、若者からも人気を集める。神無月（十月）を出雲では「神在月」と呼ぶが、これは同月、全国の神々が出雲に出張してきて、縁結びの相談をするからだそうだ。

本殿のない原初形態を残す

03

大神神社

御祭神 大物主大神、大己貴神
少彦名神

大神神社《おおみわじんじゃ》は、大和びとの信仰生活とは切っても切れない明媚な三輪山を神体山とする。

古来、ここは神霊のまします神奈《かんな》備山《びさん》であり、麓の拝殿の奥にある三ツ鳥居から山を仰拝する。したがって本殿はなく、また山域は禁足地であるなど、神社の原初的な形を今に残す。山頂や中腹には磐座《いわくら》とされる巨石群があり、古代にはそこで祭祀も行われた。

大物主大神《おおものぬしおおかみ》は大己貴神《おおなむちのかみ》（大国主命《おおくにぬしのみこと》）の幸魂《さきみたま》・奇魂《くしみたま》であり、大国主命とともに国づくりを行った。そして、大和の青垣の東の三諸山に鎮座したのである。崇神天皇の御世には、大物主神は倭迹迹日百襲姫命《やまとととひももひめのみこと》に神懸かりし、さらに天皇に夢告したので、のちに三輪君の祖となる大田田根子《おおたたねこ》を祭主として同神を祀らせたという。三輪山で祭祀を行うことによってこそ、国は安らかに、平らかになったのだ。

また、三輪の神が蛇の姿となって倭迹迹日百襲姫命のもとに通ったという「神婚伝承」も伝わっている。神宿る山や森や岩という聖域、自然崇拝につながる太古の神秘的な祭り……日本人の初発的な神信仰の雰囲気が今も色濃くただよい、多くの人が古社、大神神社をこよなく尊崇する。奈良盆地の東、山裾に沿って延びる古道「山の辺のみち」にあり、懐旧の情をいっそう、そそっている。

御神体・三輪山

朝野から続々と三山へ

04
05
06

熊野本宮大社・熊野速玉大社・熊野那智大社

御祭神

家都美御子大神（本宮）
熊野速玉大神（速玉）
熊野夫須美大神（那智）

本宮大社は上中下に各四社あり、熊野十二社権現と総称する。主神は第一殿の家都美御子大神《けつみみこのおおかみ》。これは素戔嗚尊《すさのおのみこと》のことといわれ、神仏習合の時代には阿弥陀如来と習合した。神話「天安河原《あまのやすがわら》」の故事により、誓約《うけい》の神として尊崇され、本宮の烏文字の午王神符を起請文に使う信仰が生まれた。

速玉大社《はやたまたいしゃ》も十二社で構成され、うち第一殿「速玉宮」に祀られる主神・熊野速玉大神《くまのはやたまおおかみ》は伊邪那岐命《いさなぎのみこと》とされる。第十二代・景行天皇の世に現地に遷座され、旧地に対して「新宮」と称する。古くは速玉大神、夫須美大神《ふすみおおかみ》、家津美御子《けつみみこ》の三柱を祀ったが、平安時代には十二殿が併立の十二社大権現となった。速玉大神の本地仏は薬師如来とされた。

那智大社は、第四殿に祀られる熊野夫須美大神が主神で、伊邪那美命《いざなみのみこと》のこととされた。本地仏は千手観音である。那智滝への信仰は古く、社伝によると、神武東征では熊野灘から上陸後、同滝を神と祭ることで八咫烏に導かれ、大和に入ることができたのだという。修験道《しゅげんどう》が盛んになってからは、那智の滝を飛瀧権現《ひろうごんげん》とも称した。

熊野本宮大社

熊野速玉大社

熊野那智大社

藤原氏の氏神ながら朝廷も重んじた

07

春日大社

御祭神　建御雷神、経津主神
天児屋命、比売神

古代に隆盛を誇った藤原氏の氏神神社であるが、一族が朝廷で要職を務めたこともあり、平安初期には官祭が行われるなど中央からも春日社は重視された。

平城京遷都後に藤原不比等が、ゆかりの鹿島神宮から氏神である鹿島神を遷して祀ったとも、あるいは、奈良後期に鹿島神宮の建御雷神《たけみかづちのかみ》、香取神宮の経津主神《ふつぬしのかみ》を迎え、さらに中臣氏（藤原氏の前身）の祖神である天児屋命《あめのこやねのみこと》ならびに比売神《ひめがみ》も併せ、四殿の社殿を造って祀ったのが創始ともいわれる。

建御雷神と経津主神は出雲の「国譲り」神話において高天原から天降って、葦原中国《あしはらのなかつくに》の平定に尽力するなど、国土開拓に活躍した。

眷属の鹿

古都・奈良の春日山麓に、境内は清々しく広がる。隣接する奈良公園に多くいる鹿は春日大社の神使。創建のとき、鹿島神宮の建御雷神は神鹿に乗ってやってきたと伝わる。

神事芸能、お旅所への神幸などで知られる摂社・若宮の「春日若宮おん祭」は中世から続き、師走の古都の風物詩となっている。

牛頭天王信仰ゆかりの祇園さん

08

八坂神社

御祭神　素戔嗚尊（須佐之男命〈中御座〉）ほか

〝祇園さん〟として親しまれる祇園信仰の中心的存在。創建は斉明天皇二年（六五六）といわれる。御祭神は素戔嗚尊《すさのおのみこと》だが、インドの祇園精舎を守護する「牛頭天王《ごずてんのう》」と同一視される。

祇園寺境内にあった天神堂が前身であり、明治の初め、神仏分離で祇園社から八坂神社に改称された。延暦寺との関係が深かったことから祇園信仰もやはり、神仏習合の性格を色濃く残しているのである。

牛頭天王は、頭に牛頭を乗せ、憤怒の形相をした防疫神。山鉾巡行で真夏の京都が祭り一色になる「八坂神社・祇園祭」は、その美しさから動く美術館とも評されるが、そもそも平安時代、疫病退散を念じて行った「祇園御霊会」にルーツを探ることができる。

湿度の高い日本では、とくに昔は、夏の疫病が庶民生活における大敵だった。悪気と疫病を祓うため、人々は牛頭天王を祀ったわけだ。

こうして今、各地で繰り広げられている夏の祭りは、淵源を覗いてみれば、祇園信仰・牛頭信仰まで行き着くのである。

祇園祭

数ある八幡神の根本社

09

宇佐神宮

御祭神

応神天皇〈誉田別尊〈第一之殿〉〉、比売大神（多岐津姫命、市杵嶋姫命、多紀理姫命）、神功皇后（息長帯姫命）

全国の八幡神社の総本宮。御祭神である八幡神《はちまんしん》とは応神天皇のことである。宇佐八幡宮とも呼ばれる。

第二十九代・欽明天皇の代に、奥宮である大元神社の鎮座する御許山に八幡神が現れたのが宇佐社の始めという。神亀二年（七二五）には現在地に第一之殿が造営され、次第に殿容が整っていった。御祭神の一柱、神功皇《じんぐうこう》后《ごう》は応神天皇の母神である。

奈良時代の東大寺大仏建立にあたっては、宇佐の八幡神が助力を表明する託宣を下し、おかげで大仏は完成をみたという。

天応元年（七八一）には、朝廷からは八幡大菩薩の神号が贈られ、八幡神は鎮護国家・仏教守護の神となり全国の寺に勧請され八幡信仰は広まっていった。奈良後期に道鏡が皇位を狙った道鏡事件が起こると、和気清麻呂《わけのきよまろ》が宇佐の神託を受けて、道鏡の野望を阻止した。

以来、朝廷は八幡神を国家鎮護の神として大いに崇めた。また、武神の性格から武家も篤く崇敬するようになる。

呉橋

国家鎮護の奉幣が繰り返された

⑩ 石清水八幡宮

御祭神
誉田別尊（応神天皇）
比咩大神（多紀理毘売命、
市杵嶋姫命、多岐津比売命）
神功皇后（息長帯比売命）

京都市街の南西、男山に鎮座する。貞観元年（八五九）、奈良・大安寺の僧侶が宇佐八幡大神から「都近く移座して国家を鎮護せん」との託宣を受けたことで、宇佐の神璽《しんじ》を奉安して創建された。

以来、八幡信仰は、国家鎮護の側面としては、この石清水八幡宮《いわしみずはちまんぐう》を中核として展開することになる。実際、十世紀半ばに、都の人々を驚愕に落とし入れた平将門の乱、藤原純友の乱が起こると、朝廷はまず石清水八幡宮に勝利を祈願したのである。

応神天皇を祀る同宮は伊勢神宮に次ぐ「第二の宗廟」ともされた。歴代天皇・上皇の行幸が繰り返され、国家に危急があるたびに奉幣がなされた。

武運長久の神としても名高く、源氏ほか武家からも守護神として信仰された。「八幡大菩薩」という言葉のとおり、仏教的な要素も取り込んで、神仏習合の思想も色濃い。

石清水祭（旧暦八月十五日）は、賀茂祭、春日祭とともに日本三大勅祭の一つとして知られ、賑わいを見せる。

頓宮殿

国家鎮護の奉幣が繰り返された

11 12

上賀茂神社・下鴨神社

御祭神 別雷大神（上賀茂）玉依媛命、建角身命（下鴨）

下鴨神社の御祭神は、上賀茂神社の別雷神《わけいかづちのかみ》の母神・玉依媛命《たまよりひめのみこと》、ならびに外祖父神・建角身命《たけつぬみのみこと》。上下ともに賀茂神社は、奈良時代以前から朝廷の崇敬を受けている。欽明天皇は山城国に祭りを執行させ、また玉依媛命の兄神の子孫にあたる賀茂県主《かものあがたぬし》の一族が代々奉斎するなど、京都きっての古社である。下鴨神社の境内には今でも、市街にもかかわらず原生林が広がり、「糺《ただす》の森」と呼ばれている。

　上賀茂神社の祭神・別雷大神は、玉依媛命が賀茂川上流から流れてきた丹塗矢を寝床に置いていたところ懐妊して生まれたという。また社伝によると、賀茂山の麓の「みあれ所」に降臨したとも伝える。賀茂祭にあたり、上賀茂では降臨を迎える「御阿礼《みあれ》神事」を厳かに斎行する。

　上下の賀茂神社への奉仕のため、平安初期、嵯峨天皇は卜定により皇女・有智子内親王を斎王とした。この斎院の制は三十五代、内親王によって約四百年続いた。また賀茂祭は一般に葵祭と呼ばれて現代まで続き、今では京都三大祭の一つに数えられる。平安時代には「祭」といえば賀茂祭のことを指した。現在では、かつての斎王に擬した斎王代が公募で一般の未婚女性から選ばれ、王朝の雅さながら、葵祭の女人行列に奉仕している。

上賀茂神社

下鴨神社

稲荷山に万余の朱鳥居が立ち並ぶ

13

伏見稲荷大社

御祭神
宇迦之御魂大神
佐田彦大神、大宮能売大神
田中大神、四大神

全国にある神社の三分の一を占める稲荷神社。その総本宮とされる。主祭神・宇迦之御魂神《うかのみたきのかみ》の「宇迦《うか》」とは食物のことで、食物と五穀豊穣に御神徳がある。

和銅四年（七一一）、伊奈利三ヶ峰に顕現した神を、勅命により京都・深草の長者が祀ったところ、五穀は稔り、蚕織も増えて、世間は大いに豊かになった。これが伏見稲荷の創祀と伝えられる。また秦忌寸《はたのいみき》の遠祖・伊呂具《いろこの》秦公《はたのきみ》が餅を的に弓を射たところ、その餅が白鳥になって飛び去り、山の峰に降り立った。すると、そこに稲が生じたという奇瑞説話を『山城国風土記』逸文は載せている。「いなり」の名称が生まれた由縁だ。

中・近世になると庶民にも信仰は広まり、五穀豊穣だけでなく、衣食住の全般、商工業の繁栄など、幅広い利益が求められた。

神域にある稲荷山は、前記の説話にいう白鳥が降りた山の峰のことで頂に向かって、「千本鳥居」が続く。朱は魔除けや豊穣を表し、鳥居は願いが「通る」に通じるとされ、「通った」お礼に鳥居を奉納することが江戸時代から始まったという。

千本鳥居

長寿のご利益で庶民に人気

⑭ 多賀大社

御祭神 伊邪那岐大神 伊邪那美大神

『古事記』に、伊邪那岐命《いざなぎのみこと》は淡海（近江）の多賀に坐す、と語られるのが起源とされる。また『延喜式』には「多何神社二座」とあり、男女両神が鎮まっていたことが分かる。

例祭はかつて「四月御神事」と呼ばれていた。鎌倉時代には御家人が年番で馬頭人として奉仕したといい、現在も騎馬の神幸が繰り広げられることで知られる。

中・近世には、庶民が参詣につめかけ、「お伊勢へ参らばお多賀へ参れ、お伊勢はお多賀の子でござる」「お伊勢へ七度、熊野へ三度、お多賀様へは月参り」と歌われたりもした。室町期、神宮寺だった不動院の僧らが全国を行脚して多賀信仰を広めたことも大きい。

太閤橋

東大寺再建に奔走した重源は天照《あまてらす》大御神《おおみかみ》から「事業成功のため寿命を延ばしたいなら、多賀神に祈願するように」との御神託を受けた。長寿祈願の神として名高く、豊臣秀吉公も母の延命を祈って願文を納めた。古い由緒をもつ、長寿のための縁起物・お守り「お多賀杓子《たがじゃくし》」が人気だ。

航海安全の三神を祀る

15

住吉大社

御祭神

底筒男命（第一本宮）、中筒男命（第二本宮）、表筒男命（第三本宮）、息長足姫命（神功皇后〈第四本宮〉）

全国にある住吉神社の総本社。祭神「住吉三神」は海の神様で、航海の守護神として朝廷からも一般からも崇められた。七～九世紀、遣唐使が出発する際にも、まずは住吉大社で渡航の無事を祈願するのが常だった。元寇の際には、神社前の住吉の浜（住之江の浜）に蒙古撃退の「浜祈祷」が行われた。

それ以前、神功皇后《じんぐうこうごう》の新羅遠征の時には「住吉三神《すみよしさんしん》」が同皇后に神懸かり、皇后の航海安全を約束した。帰還後、皇后が神託によって当地に三神を祀ったのが住吉大社の始まりとされる。

このため、同大社では息長足姫命《おきながたらしひめのみこと》（神功皇后）も御祭神の一柱とするのである。

住吉三神は、和歌の神、農耕の神などの顔も持つ。また、伊邪那岐命《いざなぎのみこと》が黄泉国《よみのくに》の穢《けが》れを祓うために禊《みそぎ》をしたときに三貴子が生まれたとの神話から、穢れを除く禊祓の神様ともされた。

春の卯之葉神事、初夏の御田植神事など、風情溢れる神事が伝わることでも知られる。

第四本宮

白山信仰の拠点たる神社

⑯ 白山比咩神社

御祭神 白山比咩大神（菊理媛神）
伊弉諾尊、伊弉冉尊

霊峰かつ名峰の白山《はくさん》を神体山とし、白山修験道の拠点となっている神社。各地にある白山神社の総本宮で、山頂に奥宮が鎮まる。御祭神の大神は、神仏習合では神号を白山妙理権現《はくさんみょうりごんげん》といい、また、中世になると菊理媛命《くくりひめのみこと》と同体とされた。

鎮座地は転々としており、霊亀二年（七一六）には現在地からやや離れた地に遷された。しかし文明十二年（一四八〇）に大火が発生。かつて三ノ宮だった現社地に遷座され、こちらが本宮となった。

白山は泰澄上人によって養老元年（七一七）に開山され、以後、白山修験・白山信仰が盛んになっていく。平安期に入ると、加賀、越前、美濃の三馬場（登拝道）が開発され、それぞれに神宮寺たる白山寺、平泉寺、長滝寺が置かれた。戦国の世に一時衰退したものの、江戸時代に入って加賀藩主の前田氏の崇敬を受け、社領も増えて復活を遂げた。

菊理媛命は、「くくる」にも通じることから、物ごとを整える神様として、縁結びの信仰がある。

白山

清盛が篤い信仰を寄せた

17 厳島神社

御祭神 市杵嶋姫命 田心姫命、湍津姫命

古来、神の島とされていた「安芸の宮島」に鎮座する。ここは、神をいつきまつる島との意味で「厳島《いつくしま》」とも呼ばれた。

推古天皇元年（五九三）、佐伯鞍職が神勅を受けて社殿を造営したのが始まりと伝わる。平清盛が篤い信仰を寄せ、仁安三年（一一六八）、その援助を得た佐伯景弘が現在に見られるような大規模な社殿を完成させた。清盛ら平氏が一門の繁栄を願って奉納した「平家納経」は有名で、宝物となっている。

御祭神の三姫神は海上を守護する神々。日宋貿易を推進した平家は、瀬戸内航路の掌握と、その安全確保に心を砕いていたので、清盛らは厳島神社をひたすら信仰したのである。

後には毛利氏の、江戸時代には広島藩主・浅野氏の崇敬と庇護を受けて栄え続けた。

本殿と平舞台、高舞台が回廊で結ばれ、満潮時には神殿が海に浮かぶように見えるという優雅な海上建築が訪れる人を魅了する。

大鳥居

海上と道を守護する三女神

18 宗像大社

御祭神
田心姫神（沖津宮）
湍津姫神（中津宮）
市杵島姫神（辺津宮）

沖津宮《おきつみや》（玄界灘の沖ノ島に鎮座）、中津宮《なかつみや》（海岸近くの大島に鎮座）、辺津宮《へつみや》（本土の田島に鎮座）を総称して宗像大社《むなかたたいしゃ》という。三宮は、大陸への海上交通の要路地にあり、古代から政治、経済、文化がもたらされる海上路でもあった。

三女神は、高天原《たかまがはら》で素戔嗚尊《すさのおのみこと》が天《あま》照大御神《てらすおおみかみ》に対して身の潔白を証明するために「誓約《うけい》」をした際に生まれ、大御神の神勅で宗像の地に降りて鎮まったという。

海上守護の神として名高い三女神だが、『日本書紀』には「道主貴《みちぬしのむち》」と書かれている。「道」を司る神ということから、宗像大社は「交通安全の神社」として有名になった。

沖ノ島は現在でも禁忌の無人島で、一木一草たりとも島外に出すことのできない神の島である。昭和二十九年（一九五四）からの学術調査で、四世紀から古代にわたる祭祀遺物などが八万点余り、往時のままに発見され、「海の正倉院」と称されるようになった。古代よりこの地が信仰の地だったことがうかがえる。

沖ノ島

学問の神様・道真公を祀る

19 太宰府天満宮

御祭神 菅原道真公

天神信仰の中心的な神社の一つ。天神・天満とは、天満大自在天神《てんまだいじざいてんじん》の略称で、「学問の神様」として名高い菅原道真公を神格化して祀る。

道真公は平安初期、学者・政治家として活躍し、右大臣まで出世したが、昌泰四年（九〇一）に左大臣・藤原時平の讒言《ざんげん》で大宰府に左遷されてしまった。

悲嘆に暮れつつ道真公は二年後に配所で没する。その廟所で霊を祀ったのが太宰府天満宮の創祀といい、さらに二年後、随臣・味酒安行《うまさけやすゆき》により社殿も造営された。

一方、都では道真公没後に異変が相次ぎ、清涼殿に落雷があって多数の死者が出たりして、これらは道真の怨霊による祟りだとされた。この間、その霊を慰めるために贈位、追贈位などが行われた。

太宰府天満宮では、その後も社殿造営が続き、また道真の優れた学者としての側面が追慕されるようになると、学問や技芸の向上を願って多くの人が太宰府を訪拝するようになった。

眷属の牛

草薙剣にまつわる「第二の宗廟」

20 熱田神宮

御祭神
熱田大神
相殿に天照大神、素盞嗚尊
日本武尊、宮簀媛命、建稲種命

三種の神器の一つ「草薙剣《くさなぎのつるぎ》」を霊代《たましろ》に、それに依ります天照大御神《あまてらすおおみかみ》を熱田大神として祀る。

この草薙剣は『古事記』『日本書紀』にいう天叢雲剣《あめのむらくものつるぎ》のこと。素戔嗚尊《すさのおのみこと》が八岐大蛇《やまたのおろち》を退治して得た剣で、神剣として天照大御神に献上された。やがて天孫に授けられ、伊勢神宮に鎮祭された。

日本武尊《やまとたけるのみこと》は倭姫命《やまとひめのみこと》からこの神剣を授かって東征に旅立った。駿河国で危急に陥ったときには、同剣で草を薙ぎ払って賊徒を平定できたことから「草薙剣」という。

東国の平定が終わると日本武尊は尾張国造の館に留まって宮簀媛命《みやずひめのみこと》を妃とした。日本武尊の没後、宮簀媛命は、残された草薙剣の霊威を畏みつつ、尾張一族ゆかりの熱田の地にこれを奉斎し、終生奉仕したといわれる。

これが熱田神宮の起源である。神器にまつわるお宮であることから、伊勢神宮につぐ「第二の宗廟」ともされる。大都市・名古屋の市街地に広がる森厳な社叢林が印象深い。

大楠

さまざまな信仰が重層する

21

諏訪大社

御祭神

建御名方神（上社本宮、下社）
八坂刀売神（上社前宮、下社）
〈主祭神〉

建御名方神《たけみなかたのかみ》は大国主命《おおくにぬしのみこと》と沼河比売神《ぬなかわひめのかみ》の御子神。「国譲り」で、建御雷神《たけみかづちのかみ》との力比べに敗れて諏訪まで走り、降伏して天孫への服従を誓った（『古事記』）。そして諏訪を永久の神居として、妃神・八坂刀売神《やさかとめのかみ》とともに鎮座したという。

『諏方大明神画詞』には建御名方神が入る前から地主神がいたとある。諏訪信仰は歴史的に幾重もの層を持っており、動物を供儀する「御頭祭」をはじめ、古代祭祀の様相を伝える祭りや伝承も多い。

かつて神を体現する「大祝《おおほおり》」が置かれ、また筆頭神官「神長官《じんちょうかん》」一族も古い土着氏族であるという。

諏訪湖をはさんで四社で構成される諏訪大社。鎌倉期以降は、武士の崇敬を受けるようになり、武田信玄の戦勝祈願や社殿造営もあった。七年ごとに本殿四隅の柱を立て替える「御柱祭《おんばしらさい》」は諏訪地方が一丸となる勇壮な祭事。また、極寒期に諏訪湖にできる氷の盛り上がった筋道「御神渡り《おみわたり》」は男神（上社）・女神（下社）の恋路だそうだ。

本宮一之御柱

富士信仰の総本宮

22

富士山本宮浅間大社

御祭神　木花之佐久夜毘売命

全国千三百余におよぶ浅間神社《せんげんじんじゃ》の総本宮。富士の鳴動をおさめるため、第十一代・垂仁天皇が浅間大神を祀り山霊を鎮めたのが起源と伝える。その後は姫神の御神徳により平穏な日々が訪れたという。日本武尊は東征で駿河を通ったとき、野火に遭難したが大神を祈念して窮地を脱することができたため、山宮で大神を篤く祀ったと伝わる。

この大宮というのは、現社地から北方約六キロの山麓にあり、古くから富士を祀る聖所だったようだ。平安初期、大宮から今の本宮の地に社殿を営んで遷座したのは坂上田村麻呂《さかのうえのたむらまろ》だと社伝は伝承している。以後、朝廷や武将らの篤い尊崇を受け続け、勅使の奉幣、領地の寄進、そして社殿修造や宝物奉献などを収受してきた。

修験者による富士山への信仰も古くから盛んだったが、とくに江戸時代には庶民も加わって登拝が流行し、浅間大社はその表口として賑わった。境内にある湧玉池は「おつぼ」といい、登拝者の禊《みそぎ》の場である。

江戸期を通じて隆盛した信仰組織に「富士講」がある。その発展に寄与したのは長谷川角行で、彼は人穴に籠って修行をし、やがて仙元大日神を崇める教えを説いた。今も東京および周辺地域に残る「富士塚」は、富士の溶岩を運んで築いた擬似の富士山で、遥拝の聖所とされたのである。

奥宮

鎌倉武士の精神的支柱

23 鶴岡八幡宮

御祭神 応神天皇、比売神、神功皇后

源頼義が「前九年の役」で奥州平定を成し遂げ、康平六年（一〇六三）に凱旋して鎌倉・由比ヶ浜に創祀した。頼義は出陣にあたって京都・石清水八幡宮に加護を祈っており、戦勝の神恩感謝のために八幡神を勧請したのである。その子、義家も「八幡太郎」と呼ばれるごとく八幡神を尊崇した。

治承四年（一一八〇）、鎌倉に入った源頼朝は由比ヶ浜の八幡宮を現社地に遷し、社殿造営を進めるとともに、その周辺に幕府機構を整えた。鎌倉の都市計画において鶴岡八幡宮は、武士にとって精神的にも、また景観的にも、拠り所として崇敬されていったのだ。

九月の流鏑馬神事《やぶさめしんじ》は古式を伝えて名高い。本宮を仰ぐ階段の下には、静御前が源義経を思慕しながら舞を舞ったという舞殿がある。また本宮への石段脇には樹齢千年の大銀杏が立っていたが、平成二十二年（二〇一〇）の強風で倒壊した。しかしその根元などから、若芽が生長し始め、世人から希望を託されている。

流鏑馬神事

八方除の神様で社会活動も盛ん

㉔

寒川神社

御祭神　寒川比古命
寒川比女命

寒川神社《さむかわじんじゃ》の御祭神は『古事記』『日本書紀』に記載がないため詳細は不明だが、当地方の開拓神と伝えられる。現在では八方除けの神として信仰され、遠方からも参拝者が訪れる。

承和十三年（八四六）に従五位下を受けるという『続日本後紀』の記録が公式初見。延喜十六年（九一六）には正四位上に進み（『扶桑略記』）、『延喜式』の神名帳にも名神大社として記載された。

鎌倉幕府の歴史書『吾妻鏡』には「一宮佐河大明神」とあり、源頼朝が奉幣したのに続き、北条氏や後北条氏、武田氏、徳川氏からも崇敬を受けた。

放課後の子供たちのための交流の場「少年館」、老人介護施設「神恵苑」、「寒川病院」などを運営するほか、訪問介護の実施、ボーイスカウト・ガールスカウト活動のサポートなど、社会活動に積極的な神社としても知られる。また、正月の神門を飾り、ライトアップもされる「干支ねぶた」が人気だ。

神池橋

東国を守る屈指の大社

25
26

鹿島神宮・香取神宮

御祭神
武甕槌大神（鹿島神宮）
経津主大神（香取神宮）

鹿島神宮の建御雷神《たけみかづちのかみ》と香取神宮の経津主神《ふつぬしのかみ》の両祭神は葦原中国《あしはらのなかつくに》にともに降り、大国主命《おおくにぬしのみこと》と「国譲り」の交渉をするなど天孫降臨に活躍し、その後は鹿島と香取の地をそれぞれ、本拠に東国の開拓と守りに力を尽くした。

鹿島神宮

香取神宮

鹿島神宮は、崇神天皇の御代に、中臣神聞勝命《なかとみかみききはつのみこと》に神託があり、鹿島に神宝が献ぜられた。神宝を奉持した中臣神聞勝命はそのまま鹿島中臣氏の祖になったという。また香取神宮は、神武十八年には奉祀される社が創建されたという。中臣（藤原）鎌足は鹿島の生まれとの説があり、藤原氏の氏神・春日社の創立に当っては、鹿島大神と香取大神が勧請されたのである。

二年に一度（午年）の式年大祭「御船祭」では、鹿島神宮と香取神宮の神輿が船で利根川を巡幸し、両祭神が出会う。

『延喜式神名帳』では、伊勢神宮のほかに「神宮」号を許されたのは鹿島神宮と香取神宮のみである。武神的性格から歴代の武家からの信奉も篤かった。両祭神は武の神様としてのみならず地震を起こす大鯰を抑えていると信じられ、両神宮の境内には、地下の大鯰を押さえつけている「要石《かなめいし》」がある。

27

武蔵国を鎮護する勅祭の社

氷川神社

御祭神　須佐之男命
稲田姫命、大己貴命

第五代・孝昭天皇三年の創立と社伝は伝える。関東平野南部（東京・埼玉・神奈川）に多い氷川神社の総本社。日本武尊《やまとたけるのみこと》も東征の折に祈願したという。第十三代・成務天皇の世には、出雲族の兄多毛比命《えたもひのみこと》が武蔵国造として赴任に下り、鎮護の社として尊崇したともいわれる。あるいは一説では、この兄多毛比命こそが杵築大社《きづきたいしゃ》（出雲大社）の分霊を勧請したのが創祀ともいう。

武蔵国造は出雲国造と同族と伝承され、往古における当地域の開拓には、出雲族の関わりが深いのではないかとの説がある。「氷川《ひかわ》」というのも、出雲の「簸川《ひかわ》」に由来するともいわれているようだ。

さまざまな説に彩られるが、出雲神話の神々を祀り、関東を代表する古社であることは間違いなく、源頼朝や徳川家の社領寄進・社殿造営をはじめとして、武家の崇敬も受けてきた。そして明治天皇は明治元年（一八六八）、当社に行幸し、勅祭社に定められたのである。

神池

都心にある「代々木の森」

㉘ 明治神宮

御祭神　明治天皇、昭憲皇太后

明治維新そして近代化にあたって国家・国民の中心にあった明治天皇と昭憲皇太后の聖徳を追慕するため、大正九年（一九二〇）に創立。同年十一月一日に鎮座祭が斎行された。

御裁可を得て大正四年（一九一五）に始まった造営に当たっては、全国から青年団の勤労奉仕や献木があった。献木数は三百六十五種・約十二万本。今日までに、自然森林かと見まごう広大な「代々木の森」ができあがった。また明治天皇の大葬の儀が行われた旧青山練兵場跡には外苑が造成され、ここには文化・スポーツの諸施設が多数ある。

昭和二十年（一九四五）には空襲に遭ったが、戦後も復興へ国民の熱誠が寄せられ、昭和三十三年（一九五八）には本殿・諸社殿が再完成した。境内の森には神宮会館、宝物殿、武道場などがあり、正月三が日の参拝者数は三十年以上連続で日本一。最近では、御苑にある湧水「清正の井（井戸）」を拝するとご利益があると話題になり、多くの若者がつめかけた。

清正の井

江戸を彩る二つの天下祭

29 30

日枝神社・神田神社

御祭神
大山咋神ほか（日枝神社）
大己貴命ほか（神田神社）

日枝神社の山王祭と神田神社の神田祭は、大祭が隔年ごとに交替で行われ、天下祭と呼ばれている。

日枝神社は、『熊野那智大社米良文書』の貞治元年（一三六二）の部分に「武蔵国豊島郡江戸郷山王宮」とあり、これが前身ともいう。あるいは文明十年（一四七八）、太田道灌《おおたどうかん》が江戸築城にあたり、川越（埼玉県川越市）の無量寿寺（喜多院）の鎮守・日枝神社から勧請したのが始めともいわれる。

徳川家康が城内の紅葉山に遷座し、江戸城の鎮守とした。慶長九年（一六〇四）に始まる城改築にともなって麹町隼町に遷し、さらに五十余年後には現社地に移座した。

日枝神社

神田神社

神田神社は、天平二年（七三〇）、武蔵国芝崎に開拓民として入植した出雲系氏族が大己貴命《おおなむちのみこと》を祀るために創祀したと伝わる。承平の乱で敗死した平将門公の首が京都から飛び戻り、当社の傍らに葬られたという。鎌倉後期に疫病が流行すると、将門公の祟りだとされて供養が行われ、社殿修復とともに延慶二年（一三〇九）、将門公を相殿神として迎えたのである。

徳川家康が江戸に入府し、江戸城の増築が始まると現在地に遷座され、江戸城鬼門の守護神として日枝山王社に並ぶ待遇となった。一般的に神田明神と呼ばれている。

第四章

日本の神様と神社

意外と知らない 神社参拝作法入門

神社は神様が鎮座する「神様のお家《うち》」。
神様にお願いごとをしにお家にうかがうのだから
参拝マナーを守ってお参りしよう。

神様を敬う参拝のルール

神社を訪れる際には、他人の家を訪問する以上にマナーをもってお参りしよう。

まずは参拝の準備。神社は開かれた場所なので、誰でも入ることができるが、あまりラフすぎる服装は避けるべき。

家の門にあたるのが鳥居である。神社の敷地に入る前に身なりをチェックし、軽くお辞儀をしてから鳥居をくぐる。参道の真ん中は神様が通る道とされるので、歩くのは避けよう。

参道を進むと、社殿手前に手水舎がある。ここでお参りする前に身を清める、簡易的な禊《みそぎ》・手水を行う。

①右手で柄杓《ひしゃく》を取り左手を洗う。
②次に柄杓を持ち替え右手を洗う。
③再度柄杓を持ち替え左手に水を受け口をすすぐ。
④左手を洗う。
⑤最後に柄杓を立て残った水で柄杓の柄を洗おう。

すべて柄杓一すくいの水で行うとスマートだ。柄杓に直接口をつけるのはやめよう。

手水が終わったら、賽銭箱がある社頭（社殿の前）へと進む。社殿には拝殿と本殿があり、本殿は神様が住む場所なので入ることはできないため、拝殿で参拝することになる。

参拝する際の順序は、一般的にまずお賽銭に願をかけて賽銭箱へ静かに入れる。次に鈴を鳴らす（鈴がない神社もある）。そして神様への礼である「二拝二拍手一拝」を行う。これで参拝は終わり。授与所に行ったり境内を散策するのは、参拝を終えてからがマナーである。帰る際には、再度鳥居の前でお辞儀をしてから神社を後にしよう。

ちなみに神社での参拝には、前述した「社頭参拝《しゃとうさんぱい》」と正式なお参りである「昇殿参拝《しょうでんさんぱい》」がある。

昇殿参拝は社務所で申し込み、拝殿に上がって参拝することになる。神職が祝詞《のりと》を上げ、神様への捧げものである「玉串《たまぐし》」をお供えする儀式を行う。

七五三や成人式などの人生の節目や祈願したいことがあれば昇殿参拝をおすすめする。

神様への基本マナー

二《に》拝《はい》二《に》拍《はく》手《しゅ》一《いっ》拝《ぱい》

社頭参拝、昇殿参拝を問わず行う神様への基本マナー。

①軽く会釈してから神前（あるいは賽銭箱の前）に進み、二回深くお辞儀をする。手は横にしてそのまま足の上を滑らせるようにするとよい。

②両手を胸の前で合わせ、1cm ほど右手のひらを下げて二回手を打つ。手を打ち終わったら再び指先を揃えるとよい。

③最後に再度深くお辞儀をする。これで二拝二拍手一拝は終わる。一歩下がって軽く会釈してから退出しよう。

正式参拝のマナー

玉串奉奠《たまぐしほうてん》

正式参拝では玉串を神様に捧げてから二拝二拍手一拝を行う。

①枝元の部分を右手で、葉の方を左手に載せるようにして、神職から玉串を受け取る。

②神前に進み、軽く会釈をして一歩前へ。左手を右手に合わせて玉串を立て、祈りを捧げる。

③再び玉串を倒し、右手を玉串の葉の下へと移し、玉串を時計回りに180度回す。

④左手を葉の方へと移し、両手のひらに乗るように玉串を持つ。

⑤玉串の枝元を神前に向けて、案（台）に捧げる。その後二拝二拍手一拝を行い、軽く会釈をしてから下がろう。

●参考文献
『怨霊になった天皇』（竹田恒泰著　小学館）
『カミとヒトの解剖学』（養老孟司著　ちくま学芸文庫）
『完全保存版　伊勢神宮のすべて』（青木康編　宝島社）
『企業の神様』（神社新報社）
『ゴーマニズム宣言SPECIAL　新天皇論』（小林よしのり著　小学館）
『古語拾遺』（西宮一民、斎部広成著　岩波文庫）
『古事記』（倉野憲司著　岩波文庫）
『週刊 神社紀行』（学習研究社）
『神社のいろは』（神社本庁監修　神社新報社）
『神社のいろは 続』（神社本庁監修　神社新報社）
『神社の由来がわかる小辞典』（三橋健著　PHP新書）
『神道いろは』（神社本庁教学研究所監修　神社新報社）
『神道事典』（國學院大學日本文化研究所編　弘文堂）
『神話のおへそ』（神社本庁監修　神社新報社）
『遷宮のつぼ』（神社本庁監修　神社新報社）
『知識ゼロからの神社入門』（櫻井治男著　幻冬舎）
『特別展・もののけ博覧会―妖怪の表現、その歴史と美術―』
（山寺芭蕉記念館編　山寺芭蕉記念館）
『なぜ日本人は神社にお参りするのか』（小堀桂一郎著　海竜社）
『なぜ儲かる会社には神棚があるのか』（窪寺伸浩著　あさ出版）
『日本書紀　全現代語訳』（宇治谷孟著　講談社学術文庫）
『「日本の神様」がよくわかる本』（戸部民夫著　PHP文庫）
『日本の歴史4』（北山茂夫著　中央公論新社）
『日本の歴史5』（土田直鎮著　中央公論新社）
『別冊太陽 日本の神』（平凡社）
『本当はすごい神道』（山村明義著　宝島社）
『靖国神社と日本人』（小堀桂一郎著　PHP新書）

●取材・写真・資料協力
神田神社／日枝神社／大國魂神社／アフロ
DNPアートコミュニケーションズ／PPS通信社／ゲッティイメージズ
フォトライブラリー／ピクスタ／ジャパック／国立国会図書館
東京国立博物館／大宅壮一文庫／助川康史

●編集
青木 康、橋詰久史（宝島社）

●執筆協力
青木 康、菅野達夫、五十嵐敬史

●表紙写真提供
アフロ

●表紙デザイン
佐藤遥子

●本文デザイン
佐藤遥子
株式会社ライラック

●イラスト
あおよし

本書は2013年11月に小社より刊行した
別冊宝島2082『日本の神様のすべて』を改題、改訂したものです。

歴史と起源を完全解説
日本の神様

2014年 1 月24日 第1刷発行
2021年10月19日 第3刷発行

編　者　青木 康
発行人　蓮見清一
発行所　株式会社宝島社
〒102-8388
東京都千代田区一番町25番地
電 話　[営業]03-3234-4621
[編集]03-3239-0928
https://tkj.jp
振 替　00170-1-170829 ㈱宝島社
印刷・製本　サンケイ総合印刷株式会社

ISBN978-4-8002-2232-9